示范性中等职业院校建设“十四五”精

旅 游 概 论

主　编◎龚　波　贺晓燕
副主编◎罗　茜　胥　星
付　梦　周见华　王　燕

西南交通大学出版社
·成　都·

图书在版编目（CIP）数据

旅游概论 / 龚波，贺晓燕主编．—成都：西南交通大学出版社，2021.10

ISBN 978-7-5643-8290-2

Ⅰ．①旅… Ⅱ．①龚… ②贺… Ⅲ．①旅游－中等专业学校－教材 Ⅳ．①F590

中国版本图书馆 CIP 数据核字（2021）第 205429 号

Lüyou Gailun

旅游概论

主编　龚 波　贺晓燕

责任编辑　孟秀芝
封面设计　GT 工作室

出版发行　西南交通大学出版社
（四川省成都市金牛区二环路北一段 111 号
西南交通大学创新大厦 21 楼）
邮政编码　610031
发行部电话　028-87600564　028-87600533
网址　http://www.xnjdcbs.com
印刷　四川森林印务有限责任公司

成品尺寸　170 mm × 230 mm
印张　10.75
字数　165 千
版次　2021 年 10 月第 1 版
印次　2021 年 10 月第 1 次
定价　35.00 元
书号　ISBN 978-7-5643-8290-2

课件咨询电话：028-81435775

前言

PREFACE

本书依据教育部《中等职业学校旅游服务与管理专业教学标准》，从职业技术教育需求与现状出发，参照相关行业标准，分旅游概述、旅游的历史发展、旅游活动的构成要素、旅游业的构成、旅游市场、旅游的可持续发展六大项目20个任务模块编写而成。

本书在编写过程中参考近年来旅游专业教材与教学实践特点，努力落实国家课程改革新要求，突出教材育人特色，坚持“适用、够用、好用”原则，体现旅游业新动态以及商业运营情况，力求让学生在轻松的阅读氛围中快速掌握旅游学科的基本概念与基础知识，为进一步学习专业课程打下基础。

全书由遵义市旅游学校和内江职业技术学院编写团队合作完成，龚波和贺晓燕负责统筹书稿。具体编写分工如下：龚波编写项目一，贺晓燕编写项目二，胥星和付梦编写项目三、项目五，罗茜和周见华编写项目四、项目六，王燕参与了图书文字审核工作。

限于编写时间和水平，书中的疏漏在所难免，恳请广大读者批评指正。

编　者

2021年3月

目 录

CONTENTS

项目一

旅游概述

项目导读

旅游是一种愉快而美好的特殊生活，是人类社会生活的一项重要内容。旅游的特殊性在于它主要不是为了解决人们的物质需要，而是为了满足人们的精神享受。旅游作为人类的一种生活方式和一种社会文化现象，已有悠久的历史。随着社会生产力的发展、科学技术的创新及其在生产中的广泛应用，旅游已经由最初的享乐活动逐渐发展成一种全民性的现象，成为人类生活的基本需求和高层次的消费活动，成为一种积极而健康的社会交往活动，成为一种人们的审美活动和综合性的审美实践。

任务一　旅游的定义

一、旅游的产生

旅行源于迁徙活动。迁徙是指为了生活或生存，人们从一个地方迁移到另一个地方的行为。旅行则是指人们在空间上从一个地方到另一个地方的行进过程。旅游是在旅行的发展中孕育，进而分离成独立的一种行为；商人开创了旅行的先河，经商旅行孕育着旅游因子，商人获得利润，给人以愉快感受。“享乐旅行”的出现标志着旅游的诞生，享乐旅行就是出自消遣娱乐和享受人生价值的需要而进行的非功利性的旅行活动。

虽然旅游自古就有，但绝非有了人类就有旅游。旅游是人类进化和社会、经济、文化发展到一定阶段的产物，并伴随着人类历史的演变而不断发展变化的。旅游的产生源于人类意识的发展、精神需求的提高和经济条件的成熟。

二、旅游的定义

纵观旅游从萌芽、产生到不断变化和发展的历程，可以得出旅游是人类文化意识发展和经济条件成熟而选择的一种特殊生活方式的结论；而对异域的自然和文化的探索，对异地情调的向往，以及获得身心愉悦的感受、体验的欲望，正是驱使人们外出旅游的主要动力，并由此决定了旅游者进行“旅游”是以旅行方式离开常住地到异地进行的一种综合性的社会活动。

自古至今，旅游一直有着内在的传统和本质联系——通过旅游来愉悦身心的目的是不变的。

对旅游的定义，既要注意到旅游的历史传统和一贯本质，又要重视旅游的现代化特征。

因此，旅游可定义为：人们为寻求精神上的愉快感受而进行的非定居性旅行以及在游览过程中所发生的一切关系和现象的总和。该定义强调：首先，旅游必须以旅行为前提，并在异地进行游览、参观、消遣娱乐等活动，以区别于在常住地的游览、休闲娱乐等活动，同时揭示旅游的本质——寻求精神上的愉快感受的特殊经历。其次，扩大旅游概念的包容性（外延性），如“会议旅游”“商务旅游”等。

思考

1. 如果你现在去娄山关玩了一下午，可不可以和同学们说，你去娄山关旅游了半天？

2. 假如明天上午去市人事局办理入职手续，下午就回来了。算不算你去市里旅游了？

3. 假如明天请假去北京游玩了 7 天，回来以后可不可以和同学们说，你去北京旅游了一星期呢？

三、旅游与旅行、游览之间的区别

游览是一种“边走边看”，即具有步移景异功能和动与静相结合的活动形式。游览既可以在常住地，也可以在异地进行。

旅行是指人们在空间上从一个地方到另一个地方的行进过程，也包括到异地进行游览参观活动的行程。旅行的目的广泛，包括就业、商贸、求学、迁居（移民），或其他具有明确功利目的的所必要的旅程。

旅游是一种排除功利目的的，旅行和游览相结合，以获得精神愉快感受的消遣性、娱乐性的社会活动。旅行时，旅游所凭借的手段或前提，只有不受功利约束而进行悠然自得的游览参观等活动，才是旅游的目的和内容。

由此可见，只有旅行而没有游览不构成旅游；没有以旅行为前提的也仅是游览而不是旅游。只有旅行和游览相结合，才能构成完整意义的旅游。这就是旅行、游览、旅游这三者之间的内在联系和区别。

四、旅游的内容

案例分析

晓东和妈妈在暑假期间随旅游团去长白山旅游。旅游的活动内容如下：

早餐后，从长春乘旅游大巴赴长白山（约 7 小时）抵达二道白河镇，当晚住宿于此镇。第二天早晨，进入国家 AAAAA 级风景区——长白山自然保护区，沿途观赏四个垂直自然景观带，乘倒站车登天池主峰观天池胜景，然后观看东北第一大瀑布——长白瀑布，长白山高热温泉群，品尝温泉煮鸡蛋，晓东还购买了长白山的特产——人参，准备拿回家给奶奶煲汤。午餐后观看文艺演出，乘车赴延吉，晚餐后，住延吉。

第三天早晨，乘大巴返回长春。

请同学们根据晓东和妈妈的这次长白山之旅，总结出旅游的内容。

旅游是以“游”为主，集食、住、行、游、购、娱于一体的综合性社会活动，因此，所谓旅游的内容，指旅行、游览、住宿、饮食、购物和娱乐等六个方面，这是立足于现代旅游而言的。

任务二　旅游的本质

一、旅游是一种综合性的审美实践

人类旅游活动的目的是获得愉悦感。旅游的愉悦感与美学上的所谓审美感是大致相同的。无论哪一种旅游，都是在不断的活动中寻求美的享受，以愉悦身心，陶冶性情，增添生活的乐趣。

著名学者叶朗先生说："旅游从本质上说，就是一种审美活动。离开了审美，还谈什么旅游？旅游涉及审美的一切领域，又涉及审美的一切形态。旅游活动就是审美活动。"可见，旅游不仅是一种休闲娱乐活动，也是一种"寓美于游"的美育活动。通过参与旅游审美活动，旅游者在获得美的享受的同时，心灵得到净化，情操得到陶冶，精神得到升华。

旅游审美活动的内容十分丰富，而无所不包。旅游者除了观赏风光绮丽的自然景观、体察多姿多彩的风俗民情、品尝欣赏不同风格的美食佳肴和参与各种有趣的文化娱乐活动之外，还会搜奇览胜，遍访文物古迹与建筑园林等众多人文景观，欣赏绘画雕塑、书法篆刻与音乐舞蹈等艺术作品。可见，旅游是一项综合性的审美实践活动，它集自然美、艺术美、社会美及生活美之大成，融自然山水、文物古迹、建筑、园林、烹饪、服饰、民俗风情、社会风尚、绘画、雕塑、书法、篆刻、音乐、戏剧、舞蹈等为一体，涉及阳刚、阴柔、崇高、悲壮、轻松、明快、秀美、绮丽、旷野、沉郁、飘逸等一切审美文化形态，有益于满足人们从生理到精神等各种不同层次的审美欲求。

二、旅游是一种积极而健康的社交活动

交往是人类生活中最基本的一种社会活动。人们通过交往可以达到思想、观念和情感的相互交流，从而建立起和谐、友好的人际关系。旅游是一种比较理想的交往方式，是一种积极而健康的社交活动。它可以自由选择交往对象，走向社会最大空间，不受地域、种族、性别和年龄的限制。在旅游活动中，自然界的美景和丰富的社会场景，开阔了人们的胸襟，调动了人际交往的主动性；自然、大方、融洽、畅所欲言的轻松而愉快的气

氛，容易使人抛弃某些固有的偏见，沟通彼此的思想感情，产生别的交往方式所达不到的积极效果。

三、旅游是人类高层次的消费活动

旅游需求是人们总体需求的一个组成部分。当人们在满足日常的衣、食、住、行等需求（生理需求）之后，便自然而然地追求更高层次的享受，产生外出旅游休闲的需求。在旅游活动中，人们的社交、受尊重、炫耀、自我实现的需要均可以得到很好的体现和满足。因此，旅游是人们生活需要层次提高的表现，是一种高层次的消费活动。

综上所述，旅游的本质从根本上说是一种以通过外出旅行获得心理快感为主要目的的审美过程和自娱过程，它已成为现实社会中人们寻求身心愉悦的感受和体验生活的重要方式。

任务三　旅游的基本属性

一、旅游的社会属性

旅游活动是人类超出生存需要的一种高层次的消费活动。随着生产力的发展，社会经济水平高度发达，为人们出游提供很好的经济条件，较为充裕的时间，旅游活动随之产生，所以，旅游活动是人类社会发展到一定阶段的产物。到了现代社会，旅游活动的主体发生了变化，人民成为旅游活动的主要参与者，因此旅游活动的本质和社会意义与过去有了根本的不同。首先，旅游曾作为人类高层次的消费活动，正在发展成为人们生活中的一种基本需要。其次，旅游是人类积极而健康的社会交往活动。最后，就构成现代旅游主要组成部分的消遣旅游而言，从本质上说，旅游是一种以审美为突出特征的消闲活动，是综合性的审美实践。

二、旅游的文化属性

旅游是人们有目的、有价值的活动。在现代社会中，从旅游者的角度来说，有观光型旅游、度假型旅游、生态旅游等。自旅游活动产生以来，它就与文化结下了不解之缘。历史上很多有名的人物，其文化上的巨大成就，或多或少与旅游活动有关系。孔子周游列国，传播儒家思想、治国理念，成为万世师表；司马迁走遍大江南北，逢人便问，写成《史记》名著；诗人李白写出“朝辞白帝彩云间，千里江陵一日还”“蜀道难，难于上青天”等千古名句，没有亲身的体验，怎会有如此优美的诗句；地理学家徐霞客，到处出游，细心观察，撰成《水经注》一书。古人云“读万卷书，行万里路”，说明旅游有开阔视野、增长见闻的作用。尽管今天的我们，有电脑、互联网，信息来源与古人相比，其条件不可同日而语，但代替不了人们自身的体验和感悟。在旅游过程中，旅游者涉足自身文化相同或不同的文化环境中，受到有形或无形的文化熏陶，并在这些活动中得到身心的享受。人们看山，山各有不同；人们看水，水各有其状；旅游带给人们不同的感受、体验，赋予了文化内涵。随着时代的发展，文化旅游是满足旅游者的需求、提升其生活质量的必然选择，也是旅游向深层次发展的必然。旅游是一种文化行为，文化是旅游的灵魂，21 世纪将是一个文化旅游的世纪。诚然，文化旅游是现代社会旅游主体，或者说旅游是一种文化旅游，那么，形成文化旅游的物质条件，即旅游资源的文化属性，应当成为我们深入了解和研究的重要课题。对某个城市或地区的旅游业来说，能否快速发展、繁荣兴旺，主要取决于其旅游资源是否丰富，是否具有价值。总的来说，凡是能吸引旅游者的以山水名胜、自然风光为主的自然资源和以历史古迹、文化遗址、革命纪念地、名人遗迹为主的人文资源，均是旅游资源。除了自然风光外，人文景观、民俗风情资源、传统饮食资源，以及都市和田园风光资源，都以文化为主体。也就是说，都以一定的文化形式表现出来，如古战场遗址、古城墙、古庙寺塔等。

三、旅游的经济属性

1．经济角度

第二次世界大战以后，世界各国的经济得到进一步迅速发展，先进交通工具和通信设备不断更新，使长距离的跨国旅游和洲际旅游成为可能。

同时，社会为广大旅游者提供丰富而独特的旅游资源、安全便利的交通条件、舒适完备的食宿设施，以及由于生产率成倍增长，而有条件从物质生产部门腾出更多的劳力来接待各地的旅游大军，为广大旅游者提供包括翻译导游等一系列的服务。只有在这个前提下，大众性、国际性的旅游活动才得以顺利开展。

2. 旅游动机

生活在同一个阶级社会中的人们，由于经济地位不同，其思想观念、价值取向，乃至对事物的态度等都存在着差别。就是说，一个一日三餐尚且自顾不暇或暂时还缺少可以随意支配金钱的人，是不可能会有强烈的旅游欲望的。金钱不仅是个人作为支付旅游费用的外部条件存在于旅游消费过程中，而且首先在于它是刺激旅游需要、强化旅游需要而产生外出旅游欲望、确立旅游动机的内在因素（条件）。事实证明，人们往往是因为有了节余的收入和闲暇时间，并在外界各种有关信息的刺激下，促使旅游需要的强化，而产生外出旅游的强烈愿望。

四、旅游的消费属性

在现代旅游活动中，旅游者要实现各项旅游活动、享受旅游产品和服务，必须向旅游企业支付一定的货币，即旅游者与旅游企业之间是一种经济交换。旅游活动，在其全过程中不向社会也不为旅游者个人创造任何外在的可供消费的资料，相反却“吞噬”着旅游者以往的积蓄和他人的劳动成果，即使在比较极端的情况下，例如一个人流连山水，陶醉于大自然（而非人化）的美的恩赐，或不花钱旅游（奖励旅游等），他也是在利用本可以用于创造财富的生产时间。所以，旅游无疑是消费活动，而不是生产活动。

五、旅游的休闲属性

休闲和劳动是人类生活中不可缺少的两个方面。旅游的休闲属性可从以下三个方面表现出来：

（1）从旅游的目的上看，旅游表现为借助各种客体给人以愉悦的活动，达到审美体验，这显然区别于为谋生而进行的劳动，也不同于为维持生存而进行的活动（如睡眠、吃饭、做家务）。在旅游的全过程中，占主导地位的是自然开放的随意性，这是与休闲行为相一致的品性。

（2）从旅游的活动构成上看，旅游的这种休闲行为实际上又是众多休闲行为的再组合。

（3）从旅游发生的时间上看，旅游是发生在自由时间的行为。表面上看，旅游与劳动在分享时间上是矛盾的，但旅游是积极的休闲活动，在功能上与劳动互为前提，有利于工作的补充和人格的完善，改善生活质量，开阔视野。旅行带给人类新的知识、认识和理解，打破人类思维的狭隘性，并可能会使其重新发现自我。

任务四　旅游的类型

旅游的项目多种多样，出游的人数越来越多，而且交叉进行。因此，给当今全球的旅游活动进行分类是不易的。根据旅游统计的惯例，作如下分类。

一、按旅游者到达目的地的地理范围划分

1．国际旅游

国际旅游是指跨越国界的旅游活动。它分为入境旅游和出境旅游。入境旅游是指他国公民到该国进行的旅游活动；出境旅游是指该国公民到他国的旅游活动。

2．国内旅游

国内旅游是指人民在居住国内进行的旅游活动，包括该国公民在国内的旅游活动，也指在一国长期居住、工作的外国人在该国内进行的旅游活动。从旅游发展的历程看，国内旅游是一国旅游业发展的基础，国际旅游是国内旅游的延伸和发展。

二、按旅游性质和人们出游的目的划分

1. 休闲娱乐度假类

属于这一类旅游活动的有观光旅游、度假旅游、娱乐旅游等。

2. 探亲访友类

探亲访友类是一种以探亲、访友为主要目的的旅游活动。

3. 商务专业访问类

属于这一类的旅游活动有商务旅游、公务旅游、会议旅游、修学旅游、考察旅游、专项旅游等，也可将奖励旅游归入这一类，因为奖励旅游与游客个人职业及所在单位的经济活动存在紧密关系。

4. 健康医疗类

健康医疗类主要指体育旅游、保健旅游、生态旅游等。

5. 宗教朝圣类

宗教朝圣类主要指宗教界人士进行的以朝圣、传经布道为主要目的的旅游活动。

6. 其他类

前述 5 类没有包括的其他旅游活动，例如探险旅游等。

三、按参加一次旅游活动的人数划分

1. 团队旅游

团队旅游是由旅行社或旅游中介机构将购买同一旅游路线或旅游项目的 10 名以上（含 10 名）游客组成旅游团队进行集体活动的旅游形式。团队旅游一般以包价形式出现，具有方便、舒适、相对安全、价格便宜等特点，但游客的自由度小。

2. 散客旅游

散客旅游是由旅行社为游客提供一项或多项旅游服务的旅游形式，其特点是预定期短、规模小、要求多、变化大、自由度高，但费用较高。

3. 自助旅游

自助旅游是人们不经过旅行社，完全由自己安排旅游行程，按个人意愿进行活动的旅游形式，例如背包旅游。其特点是自由、灵活、丰俭由人。很多人认为，自助旅游是一种省钱的旅游方式，旅游内容粗糙，可能会有很多危险，旅馆没有预定会有不安全的感觉，这是一种错误的认识。其实，如果深入了解自助旅游特性，会发现自助旅游是一种相当精致有特色的旅游形态。自助旅游使所有的花费都可依自己的喜好来支配，行程可弹性调整，又可深入了解当地民情风俗。自助旅游绝非玩得多、花得少的旅游方式，而是一种在同一地方花上较多的时间深入了解该地的特色，接触当地的人与事，看自己想看见的东西，走自己想走的路的旅游方式。

思考

请说一说，以上三种旅游的优点和缺点分别是什么？

任务五　旅游的影响

中国的旅游文化资源非常丰富，从自然景观到人文景观再到历史景观，这就使中国的旅游成为一项重要的活动。它对于培养人们的情操，了解全国各地的风俗文化，了解古代的文化生活和历史有重要作用。同时，旅游的兴起也对社会的各个方面产生了一系列的影响。

一、旅游对经济的影响

（一）旅游对经济的积极影响

1. 供求关系决定旅游目的地的旅游经济收入的增加

地区旅游业的高速发展，带来的最直观的感受就是旅游人流量的增加。大量的人流涌入，在带来巨大资本的同时，也促使了旅游市场的变化。旅游活动的开展令财富从旅游客源地区转移到旅游接待地区，从而客观上起到了资源再分配的作用。而高收入地区的旅游者一般在旅游目的地产生的消费较高，通过旅游带动资金流向低收入的地区，从而带动旅游目的地经济的发展。2015—2019 年国内游客人次及其增长速度如图 1-1 所示。

数据来源：国家统计局、中商产业研究院整理。

图 1-1　2015—2019 年国内游客人次及其增长速度

2．扩大就业机会

旅游业属劳动密集型行业，组成部分的繁多促使就业岗位层次众多，而众多的工作岗位并没有很高的技术要求，因而旅游业也成为世界上最大的就业创造者。据有关工商部门的统计数据，2010 年，仅海南省的旅游业创造就业岗位：酒店部门 81 500 个，其他直接从业者 46 700 个，间接派生职位 77 000 个，共计 205 200 个。

3．带动相关产业的发展

旅游业的竞争性、综合性引发的关联带动作用促使众多与旅游业发展直接和间接相关产业的同步发展，产生了巨大的拉动作用。仅 2011 年的十一中秋黄金周，我国 7 天的旅游收入就达 3 008 亿元，有力地带动了民航、铁路交通、城市出租车、餐饮和商业等相关行业的发展。旅游者的消费需求要求旅游业必须提供足够的设施、设备和消耗物资，旅游业也因此而成为许多其他行业产品的消费市场，从而刺激和促进这些行业生产规模的扩大和发展。

（二）旅游对经济的消极影响

1. 造成旅游环境污染

开发建设时，由于未对旅游资源可能造成的环境污染予以充分的重视，致使宾馆、饭店大肆扩张，游客大量涌入后，出现了严重的环境污染问题。例如，旅游运营过程中对环境造成的接待服务设施排放的污染，如宾馆、饭店排出的污水、倾倒的垃圾以及燃烧排出的烟尘；旅游者在游览过程中丢弃、废弃的废物；旅游汽车排放的尾气；飞机、汽车及游人产生的噪音等对景区的水体、大气、生物造成的污染。

2. 引起旅游目的地物价上涨

季节性是旅游业的特点，旺季游客的大量拥入有可能引起旅游目的地物价的上涨，引发季节性的通货膨胀。出于游客的强大消费能力，旅游过程中以较高的价格购买食、宿、行中所需物品的花费，不可避免地破坏供求关系，引起旅游目的地的物价上涨，这势必会影响当地居民的经济利益。

3. 规划管理不善，造成人力、物力、财力和资源的浪费

开发旅游地产而破坏自然生态环境，规划不合理而导致资源的浪费。淡季游客较少，一些设施如大型的游乐场、主题公园，即使无人游玩也需要运行和维护保养，旅游资源和设施的闲置、运行效率低，造成浪费；经营不善，导致娱乐设施的废弃。

二、旅游对文化的影响

（一）旅游对文化的积极影响

1. 旅游对文化有传播作用

旅游者到异国他乡旅游，目的之一就是学习和了解当地文化，与此同时，旅游者又将自己本国、本地区或本民族的文化带给旅游目的地居民，因此，旅游能够促进文化的传播和交流。

2．旅游对文化有保护作用

文化是一种旅游资源，是旅游者参观、游览的对象。因此，一个国家、地区、社会以及当地居民为了发展旅游业，为其经济和社会服务，须十分重视对其民族文化和当地文化的发掘与保护工作。

（二）旅游对文化的消极影响

（1）旅游目的地政府、居民和企业会过于强化当地文化的独特性，以吸引具有不同文化背景的异国、异地旅游者，从而使当地文化的特色更为浓厚、特点更为突出。

（2）旅游者将本国或民族的文化带进来，对旅游目的地的传统文化产生冲击，结果可能使本民族文化逐渐被外来文化所同化。

三、旅游对环境的影响

（一）旅游对环境的积极影响

第一，使历史建筑和古迹遗址得到维护、恢复和修整。

第二，使休闲和娱乐场所及相关设施的数量得以增加。

第三，使道路、交通运输服务等基础设施得以改善。

第四，使旅游接待地区的环境卫生得以重视和维持。

（二）旅游对环境的消极影响

1．旅游对地表和土壤的影响

随着各自然区域内旅游活动的开展，无论是陆地还是水域表面都可能受到旅游活动的影响，岩岸、沙滩、湿地、泥沼地、天然洞穴、土壤等不同的地表覆盖，都可能承受不同类型的旅游冲击，尤其是地表植物所赖以生存的土壤有机层往往受到最严重的冲击。

2．旅游对植物的影响

人类的旅游活动对地表植被和植物的影响可分为直接影响和间接影响两大类。直接影响行为包括移除、踩踏、火灾、作为营火材料采集和对水生植物的危害。间接影响包括外来物种引入、营养盐污染、车辆废气、土壤流失等问题，这些都会间接地影响植物的生长和健康。

3．旅游对动物的影响

旅游区的开发可能会破坏野生动物的栖息地或庇护所。有些游客总喜欢“有吃又有拿”，嗜吃各种山珍海味，又偏爱收集各类野生动物制品，这样野生动物的生命就受到了威胁。

巩固练习

1. 什么是旅游？旅游和旅行、迁徙有什么关系？

2. 旅游的特征和类型包括哪些？

3. 旅游对人们生活有什么影响？

4. 旅游对环境有什么积极作用和消极作用？你认为应该怎样控制旅游所带来的环境污染，才会有更好的效果？

项目二

旅游的历史发展

项目导读

地中海国家的旅游发展

公元前 2000 年至公元 500 年，地中海国家的旅行有了明显的发展。在这个西方文明的摇篮，以贸易、商业或宗教为目的的旅行、节日喜庆、医疗或教育很早就发展了起来。《旧约全书》里就多处提到了商队和商人。

从公元前 776 年开始，城市国家的居民每隔四年就聚集一次，通过参加体育比赛来纪念希腊众神，于是诞生了国家性的四个节日活动：奥林匹克运动会（祭献天神宙斯）、皮托竞技会（祭献太阳神阿波罗）、科林斯地峡运动会（祭献海神波塞冬）和尼米亚运动会（祭献大力神海克拉斯）。每个节日活动只向一个神供奉祭品并进行祷告，人们以优异的体育成绩或出色的艺术表演来朝拜神祇。这些节日活动的独特性和面面俱到，为地中海旅游胜地增添了许多迷人的色彩，他们处处吸引着游客来到这里。在这里，你不仅可以欣赏到著名的建筑物和艺术作品，更能得到融入竞赛的身心体验。快乐的节日心境不时地被崇高的宗教仪式吸引，迷人盛大的庆典场面，最高超技艺的表演都能激发游客的兴趣。

每天，人们漫步走向圣殿，去朝拜众神，尤其是希腊神话中的医神阿斯克拉庇俄斯。神殿通常坐落在环境优美的地方，那里空气清新，水质纯净，含有许多矿物质。坐落在伯罗奔尼撒东北部的希腊古城埃庇道鲁斯的阿斯克拉庇俄斯的神庙还设有休息和娱乐设施，圣殿里建有寺庙，里面有供人瞻仰的雕塑，院子里栽着一排排树木，给道路两旁带来了片片浓荫。这里还修建了一个体育场，用来从事一些体育活动，希腊第二大剧院也坐落在这里。希腊人认为休息和娱乐能够治疗疾病。

人们还为了寻求圣人的教诲而旅行，尤其是去特尔斐的阿波罗神殿。政治家、将军和其他一些大人物们在行动之前，他们总是要去那里寻求神示。苏格拉底的门徒就曾在特尔斐神殿向老师寻求智慧。

参加节日盛会的游客、商人、病人和寻求神示的人共同构成了公元前 5 世纪至公元前 4 世纪旅行者的主体。除这些人之外，还有一种人，即纯粹的游人，不过他们所占的比例很少。希腊的“历史之父”希罗多德曾频繁地旅行，他描写过许多到埃及旅行的希腊人：“有的去经商，有的去当兵，但也有的是为了亲眼见识一下这个国家。”从公元前 5 世纪下半叶起，雅典开始发展成一个旅游胜地，人们纷纷前来观赏建在雅典卫城上面的帕台农神庙和其他新建筑。

随着公元前 334 年亚历山大一世在小亚细亚的以佛所建立了民族政府，仅在一个季节里就有 70 万游客涌入以佛所，他们观赏杂技表演、动物表演和魔术表演。在亚历山大的统治下，以佛所成为一个重要的贸易中心，是当时世界上一个最重要的城市。

资源来源：金守郡、洪帅，《旅游学概论》，上海交通大学出版社 2010 年版。

思考

地中海国家旅行盛行的原因是什么？游客为什么会被吸引？

任务一　世界旅游的历史发展概况

旅游作为人类的一种生活方式和一种社会文化现象，已有悠久的历史。在原始社会，人类迫于生计而不断地迁徙；原始社会末期出现了以交换为目的的旅行；人类进入奴隶社会后出现了以消遣为目的的旅行。随着近代产业革命的爆发，现代喷气式推进技术在民航中的运用，旅游活动开始向大众普及。19 世纪初期，旅游的发展开始具有现代意义上的旅游特点，“旅游”一词诞生。如今“旅游”成为人们非常熟悉的一个名词。

世界古代旅行和旅游大多是由于物质功利、宗教、政治目的等方面的原因，呈现出一种分散、无组织的状态。在近代，旅游的兴盛主要是在商业利益的驱动下，逐步形成了一个独立的产业。随着科学技术的革命和世界和平环境的形成，现代旅游和旅游业渐趋成熟，其可持续发展的问题成为一个世人普遍关注的焦点。

一、古代的旅行和旅游（1880 年以前）

人类的旅游活动究竟起源于何时，研究者的看法不尽一致。一般的说法是，被称为“海上民族”的腓尼基人是最早的旅游者，他们在公元前 3000 多年就在地中海和爱琴海上进行贸易，实际上也是商务旅行。他们活动的范围，西越直布罗陀海峡，北至波罗的海各地，东到波斯湾、印度。

公元前 3000 年，古埃及作为一个统一的国家，就以他们规模宏大的金字塔和神庙，吸引了来自文明世界的旅游者。在尼罗河上，贵族们乘坐具有舒适船舱的小船游弋；在陆上，他们可以乘轻便马车或轿。

宗教旅游在埃及达到相当规模，每年都要举行几次隆重的宗教集会。例如，在布巴提斯举行的阿尔特米司祭，前去参加者沿途载歌载舞，到达时进贡丰盛的祭品，形成盛大的场面。

据记载，世界上第一次为了和平和游览目的而进行的旅游活动是埃及女王荷赛普赛特访问旁特地区（大约今索马里），时间是公元前 1490 年。

希腊是西方文明的摇篮。历史学家希罗多德，哲学家赛尔、毕达哥拉斯、柏拉图等人把游历访问过的国家的风土人情和医疗情况记录在他们的著作中。希腊人洗矿泉浴，参加庆典，观看运动会。奥林匹克节是最负盛名的庆典（该处建有宙斯神庙），会上举行赛跑、赛车、角斗等竞技活动，吸引了四面八方无数的人们前来观看。今天奥林匹克运动会就来源于此。

罗马帝国的旅游活动非常活跃，因为旅游受到鼓励并颇具方便条件。辽阔而又统一的帝国疆域，宽阔而整齐的道路网络，都为旅游提供了便利。在治安良好的大道上，来往着官吏、商人、士兵、学生及三教九流的游客。他们的旅游活动持续了很长一段时期，直到罗马帝国在公元 476 年灭亡才转为低潮。

在小亚细亚，自公元前 334 年亚历山大大帝在埃弗萨斯（今土耳其）建立政权之日起，往往一个季度就有 70 万名游客涌入埃弗萨斯。他们欣赏杂耍、魔术和动物表演等，贸易与游乐使当时的埃弗萨斯成为世界上最重要的城市之一。

波斯帝国（公元前 533—前 330 年）是横跨亚、非、欧三洲的大帝国。它建了两条“御道”：一条由首都苏萨（今伊朗胡齐斯坦省迪兹富尔城西南）起，经美索不达米亚和小亚细亚直达埃弗萨斯，长 2 400 千米，御道两旁建有 110 所国王驿馆和许多驿舍；另一条御道则由巴比伦城起，经伊朗直抵印度边境。许多外国的学者、商人、游客都经此御道前往东方旅行。这条御道后来成了丝绸之路西段的基础，成为国际性的经济通道。

综上所述，我们不难发现：古代的旅行和旅游，往往和宗教活动、通商贸易、帝王巡游密切相关，并结合在一起。

希罗多德（约公元前 484—前 425 年），被誉为旅行方面的“文学作品之父”，著成《历史》一书，此书对希腊本土、埃及、南意大利及西亚等国家的历史、地理、风俗民情、名胜古迹做了如实的记载。

阿拉伯帝国兴起于公元 7 世纪，8 世纪臻于极盛时期，地跨亚、非、欧三洲。帝国的驿道以首都巴格达为中心，四面辐射，驿站备有马、骡和骆驼，方便旅客租用。伊斯兰教的教规规定，凡有能力的穆斯林都必须到麦加参加朝圣一次，因而朝觐期间，教徒云集麦加、麦地那，商人、艺术家、技艺人等也都蜂拥而来做生意或献艺。为方便上述人等，驿传局编写了《旅行指南》之类的书。

伊斯兰教的创始者穆罕默德教导穆斯林：“学问虽远在中国，亦当求之。”因而，阿拉伯帝国鼓励经商和考察旅行，并曾出现几个著名的旅行家。苏莱曼曾到过印度、中国等地经商、旅游，著有《苏莱曼游记》（851 年）。卒于公元 956 年的马苏弟，曾游历埃及、巴勒斯坦、印度、中国等地，著有《金色的草原》。伊本·拔图塔，历时 26 年，游踪遍及亚、非、欧三洲，行程达 12 万千米。1346 年，他以德里苏丹特使的身份访问了中国，其著作《旅行者的欢乐》记载了亲身的旅游见闻，是了解当时发达的东方文化极其宝贵的史料。伊本·拔图塔被认为是一位史学家、地理学家、神学家，又是中世纪最伟大的旅行家。

马可·波罗（1254—1324年），意大利威尼斯人。他15岁时，其父和叔父首次从远东经商回国，向他介绍了中国的繁荣和文化风俗。1271年，17岁的马可·波罗随父亲和叔父出发，渡过地中海，越过小亚细亚和帕米尔，经4年跋涉，于1275年到达元朝的上都（内蒙古多伦）和大都（中国北京），谒见元世祖忽必烈，获得信任和重用。有时他甚至以钦差大臣身份考察南方各省，有时又作为特使出使东南亚各国，在中国供职17年。1292年，他奉命护送一位蒙古公主到伊朗完婚，从泉州出发，经苏门答腊、印度到伊朗完成任务才回到家乡，时为1295年。3年后，他在威尼斯与热那亚的一次海战中被俘关在狱中，由他口述自己的东方见闻，同狱中的作家鲁思梯谦整理成书，即《马可·波罗游记》。此书影响甚大，诱发了欧洲人探索东方的热情。当然更主要的原因是当时资本主义的生产关系在萌芽，他们意欲扩张活动领域。

意大利航海家哥伦布（1451—1516年）在西班牙国王支持下，于1492年发现了新大陆，开辟了由欧洲到美洲的新航线。

葡萄牙人瓦斯科·达·伽马沿西非海岸向南航行，绕过非洲最南端好望角（原名风暴角），于1498年到达印度。

麦哲伦（1480—1521年）是世界上首次进行环球试航的航海家。1519—1522年，西班牙又派出船队，由葡萄牙人麦哲伦率领，越过大西洋，沿南美洲东海岸南行，绕过南端进入太平洋，到达菲律宾、印度；再沿非洲东海岸通过好望角返回西班牙，证明了“地圆说”的正确性。

上述有历史意义的航行，开阔了欧洲中世纪人们的视野，改变了人们的宇宙观念，激发了那些先进人物的进取精神。从16世纪开始，人们习惯于把青年送到欧洲大陆或英国游历，完成他们的教育。大家公认，年轻人一定要经过以求知为目的的旅行，才会有真才实学，特别是相信一个没有旅行经历的医生不会是一个良医，他们在研究完本国的病例后，还必须去其他的医疗中心考察游历。

18世纪到20世纪上叶，资产阶级倡导个性解放和浪漫主义。“回到大自然去”的口号和思潮席卷欧洲。当时英国中上阶层的绅士们几乎垄断了欧洲的观光旅行。最有钱的英国人几乎都要去法国、意大利居留半年到两年。当时的许多思想家、文学家、诗人，如卢梭、拜伦、歌德、海涅等都热爱大自然，并置身于大自然中去寻找创作的源泉，获得灵感。

资本主义要发展必须进行原始积累，这种强烈的欲望激发人们去开辟新天地，去探险旅游。这实际上是掠夺殖民地的行动。英国以库克船长为首的探险队，在1768—1779年的数年中，曾三次进行环球探险旅行，他发现了澳洲。澳大利亚在1770年沦为英国殖民地。达尔文进化论的创立也得力于他1831—1836年环球航行中在各地所进行的实地考察和观察等。这些行动的直接目的虽不是为了旅游，但客观上却推动了旅游活动的发展，导致旅游规模的扩大，催生了近代旅游业。

二、近代旅游（1840—1945）

恩格斯指出：分工、水力，蒸汽力的利用，机器的应用，这是从18世纪中叶起工业用来摇撼旧世界基础的三个伟大杠杆。总之，机器代替了人工，从而使生产力大大提高。轮船、火车的发明，食宿业的发展，旅行社的创办，推动旅游进入近代阶段。

（一）近代交通工具的发明和营运

1809年，美国人富尔敦制造了世界上第一艘汽船。1816年横渡英吉利海峡的客货轮首次通航。1838年，英国轮船“亚留斯”号横渡大西洋成功，使得洲际航行不再费时耗日。轮船的大型化和速度的加快，使北美和欧洲之间的旅行日益兴盛。

1814年，英国工程师斯蒂芬逊发明了火车。1830年，从利物浦到曼彻斯特的客运铁路正式通车。1835—1855年，欧洲掀起了建筑铁路的高潮。到1850年，欧洲和美洲铁路总长度已达3.8万千米。1870年，全世界铁路的总长度为21万千米，发达国家的铁路遍布全国。火车的速度也逐步加快，到20世纪30年代，著名的特别快车速度达到160.93千米/时。乘坐火车旅行，堪称价廉舒适。

于是，使用火车、轮船的环球旅行也出现了。1872年，汤姆森·库克创造了80天完成环球旅行的记录。

（二）食宿业大发展

轮船和火车的投入营运，使得商贸和旅游的人越来越多，从前的驿站和客栈已显落后。于是，在铁路沿线和轮船码头出现了现代旅馆。19世纪初，德国的疗养胜地巴登巴登出现了第一家豪华的别墅式旅馆。随后在19世纪50年代，巴黎建成了著名的格兰特饭店、卢夫勒饭店等。瑞士人为迎合各国新兴的资产阶级人士的游览享乐需求，开办建筑、设备、服务均系一流的旅馆。这类饭店的代表是法国的巴黎大饭店。

随着资本主义的发展，商业活动日益扩展到全球各地。20世纪初，旅馆业的建设由前阶段的大饭店时期进入到商业饭店时期。商业饭店当然首先要讲究经济效益，通过为商务旅行和经济来往人士服务而获取厚利。1908年，由美国人埃尔斯沃思·米尔顿·斯塔特勒在纽约州布法罗建造的斯塔特勒旅馆即为商业饭店的典型。这间旅馆的300间客房均有浴室，日供四餐。方便的食宿，便宜的价格招拂宾客如云，第一年就获利3万美元。此后，商业饭店如雨后春笋般涌现，旅馆业成为巨大的行业。斯塔特勒旅馆运用科学管理方法，取得了低成本高效益的经营效果，标志着饭店业进入了一个新的历史时期。

随着汽车普及和大型客机的出现，饭店业进入了新型饭店时期——饭店联号阶段。

（三）旅行社的产生

在封建社会之前，旅游活动往往是以个人消费的形式出现，而且人数只限于富裕的上层人士，范围很窄。在资本主义发展时期，在社会化大生产的推动下，旅游消费有日益扩大的趋势，这个趋势呼唤着旅行社的诞生。1845年，英国人托马斯·库克正式创办了托马斯·库克旅行社。此前的1841年7月5日，库克曾组织了570名主张戒酒的人士，从莱斯特乘火车到拉夫巴勒参加一个戒酒大会，路上由他亲自照料，使参加者感到满意。据信，这就是第一次通过广告而组织的火车旅游专列。它的意义在于：旅游活动与运输业挂钩，以一个有组织的形式出现。举世公认，托马斯·库克是第一个旅行代理业的代理人。库克组织的集体旅游的规模越来越大，经验也越来越丰富。1863年，库克组织578人的大团去巴黎度假数天，对交通、食宿采取全包的办法，实为包价旅游的雏形。1872 年，库克又组织了 10 人团，历时 80 天，亲任向导，实现了第一次环球旅行。1892 年，他又创造性地发行了一种“流通券”，持券人可在旅游目的地领取与英镑面值相等的当地货币，这就是最早的“旅行支票”。

其后，各国相继创办了类似的旅行社。著名的旅行社有：1857 年英国成立的登山俱乐部和 1885 年成立的帐篷俱乐部，1890 年法国、德国成立的观光俱乐部。此外，还有意大利国营铁路创办的意大利游览公司，加拿大太平洋捷运公司，日本国际观光局，德国中欧旅行社等。到了 20 世纪初，英国托马斯·库克旅游公司、美国运通公司、比利时铁路卧车公司成为世界旅行代理业三大公司。

综上所述，旅游业已经发展成为一个巨大的综合性的经济。

三、现代旅游（1946 年至今）

第二次世界大战以后，尽管仍有局部地区或大或小的战争，但总的形势相对稳定，社会生产力发展很快。全世界经济的恢复和发展，特别是一些国家的经济起飞，推动着旅游业迅猛发展。工时的缩短和有薪假期的增加，使工人和广大雇员有可以自由支配的时间。铁路、汽车、飞机的发展，使旅游者的移动加快。计算移动的时间，同依靠船舶的时代以月为单位相比，已经缩短到以天为单位。电话、传真、电子网络等通信手段的进步，使通信的时间缩短到以秒为单位。这一切都大大有利于现代旅游的迅速发展。

任务二　我国旅游业的产生和发展

世界各地由于生产力发展有快有慢，旅游的产生有先有后，但就旅游活动来说，都经历了一个从萌芽、产生到发展而日趋成熟的过程。对旅游的产生和发展的研究结果表明，旅游是从旅行中孕育又从旅行中分离出来的。那么，我国旅游的产生过程是怎样的？下面分古代、近代和现代三个历史时期加以说明。

一、古代旅行阶段

中国人民历来酷爱旅游，在先秦古书中就有关于华夏先民在遥远古代的旅游传说，如黄帝、周穆王等，随着朝代的更迭，社会经济、政治和科技文化的发展变化，旅游活动也经历着兴衰起伏的发展变化过程。

中国古代旅行与旅游历史的发展，大体可分为两个时期，即神话传说时期和信史时期。

传说中的中华民族的始祖黄帝，是一个生性好远游、足迹遍天下的古代帝王，他“披山通道，未尝宁居”，“迁徙往来无常处”的旅行活动的传说在《史记·五帝本纪》中已有记载，比如周穆王与西王母的历史传说，在唐代诗人李商隐的《瑶池》“瑶池阿母绮窗开，黄竹歌声动地哀。八骏日行三万里，穆王何事不重来”中有记载，在周穆王西巡的历史古籍《穆天子传》中也有记载。尽管神话传说不能完全据为信史，古代先民为了谋取生活资料，或因其他原因的迁徙，古代旅行和旅游与现代意义上的旅游也有本质区别，但它揭开了中华民族旅游历史的扉页。

信史时期依次为夏商周时期、秦汉时期、魏晋南北朝时期、隋唐时期、宋元时期和明清时期。

中华民族历史悠久，源远流长，中国古代的旅游活动虽远不及现代旅游发达普及，却异彩纷呈、绚丽多姿。古代旅游形式的多种多样，表现在帝王巡游、政治旅行、官吏宦游、士人漫游、学术考察旅行、宗教旅行、节庆旅游等。

1．帝王巡游

帝王巡游是指历代最高统治者对自己的国家或领土所进行的巡视游览活动。中国古代封建帝王，为了维护统治，弘扬功绩，炫耀威力，震慑臣民，往往巡游各地，早期帝王巡游与农业有关，后来巡游中追求享乐和显示权力的色彩越来越浓。

“朝觐当年筑此坛，旌旗影里簇仙班。只今惟有青山在，日暮孤云自往还。”这是一首描写泰山的诗句，遥想当年泰山封禅的场景，那浩大隆重的封禅仪式上，我们依稀可以穿透历史的长河想象古代那些盛极一时的帝王巡游场景。

“巡游”，古代称“巡”“巡守”或”巡狩”，指帝王对诸侯所守地方的视察,实际上是天子以最高统治者的身份前往全国各地巡视考察地理形胜、防务安全、官吏政治和祭祀寻仙、游赏名山大川的活动，在旅游史上称之为巡游。秦始皇、汉武帝是帝王巡游的典型代表。公元前221年，秦帝国建立后，秦始皇继承并发展了天子“巡狩”的制度，使巡游成为他在位12年耗时最多、用力最勤的一件大事。秦始皇在位期间，共进行了五次大规模的巡游。雄才大略的汉武帝生前也进行了相当频繁的巡游活动，且其行程、耗时、规模与秦始皇相比有过之而无不及。据《汉书·武帝纪》统计，公元前140年至公元前87年，汉武帝执政53年间，一共进行了各种形式的巡幸、封禅、游历30多次，其中大规模巡游有4次。真正把帝王巡游发展到极致的还是清代的康熙和乾隆皇帝。他们借助中国封建社会晚期“康乾盛世”的东风，曾数幸东北，巡西北，下江南，特别是康熙、乾隆生前都曾六下江南，更成为千古传颂的佳话。

2．政治旅行

政治旅行是指具有某种政治动机而进行的旅行活动。它起始于春秋战国时期，代表人物有孔子、孟子、苏秦等。孔子（公元前551年—公元前479年），子姓，孔氏，名丘，字仲尼，祖籍宋国栗邑（今河南省商丘市夏邑县），生于春秋时期鲁国陬邑（今山东省曲阜市），中国著名的思想家、教育家、政治家。与弟子周游列国十四年，晚年修订六经，即《诗》《书》《礼》《乐》《易》《春秋》。孔子被联合国教科文组织评为“世界十大文化名人”之首。孔子的一生大多在路上，周游列国，宣传自己的政治主张，即使有短暂的停歇，他的思想也从未停止脚步。古人说：“读万卷书，行万里路。”旅途难免坎坷，孔子将挫折化成了前行的动力，随着足迹越来越密，其思想也越来越丰厚。相传孔子有弟子三千，其中有贤人七十二。孔子去世后，其弟子及其再传弟子把孔子及其所有弟子的言行语录和思想记录下来，整理编成儒家经典《论语》。孔子在古代被尊奉为“天纵之圣”“天之木铎”，是当时社会上的最博学者之一，被后世统治者尊为孔圣人、至圣、至圣先师、大成至圣文宣王先师、万世师表。以孔子为代表创立的儒家文化博大精深，构成了中华民族传统文化的主流和基础，时至今日仍在社会生活中发挥着巨大的积极作用。

3．官吏宦游

官吏宦游是中国古代封建官吏，常受帝王派遣，为执行政治、经济与军事等任务而出使各地，进行各种各样的宦游活动。其中以张骞出使西域和郑和七下西洋最有名气。元寿四年（公元前 119 年），他又率 300 人前往乌孙（今新疆伊犁和巴尔喀什湖一带），走访了大宛、康居、月氏、大夏、安息（今伊朗、伊拉克等地），于元鼎二年（公元前 115 年）在乌孙使节的护送下返回。他两次出使西域，被誉为“凿空”（司马迁语）的人，为“丝绸之路”的畅通建立了不朽功绩。他把中国的瓷器、铜器、铁器、金银和各种精美绝伦的丝绸、罗纱、锦绮带出去，又把异国他乡的胡椒、象牙、宝石、药材、染料、香料、硫黄以及狮、豹等稀奇珍贵动物换回中国，不仅扩大了贸易，而且加深了友谊。至今，南洋一些城市仍保留着纪念他的遗物胜迹。其随从马欢、费信、巩珍等人分别撰写的《瀛涯胜揽》《星槎胜揽》《西洋蕃国志》对研究当地的历史地理具有珍贵的参考价值。

4．士人漫游

士人漫游是指文人学士为了各种目的而进行旅行游览活动。先秦时期，士人漫游的目的多是从政、游说等，魏晋南北朝、隋唐等朝代比较盛行。中国古代社会的文人学士常把“读万卷书”与“行万里路”相提并论，几乎都有过旅行游览的历史。其中比较著名的是：屈原（约公元前 340—前 278 年），战国后期诗人。他因受人谗毁，被楚国君主贬谪，先后到汉北、江南，长期在沅、湘流域游历；深感国家政治的腐败和自己理想的破灭；愤然写下了《离骚》《九章》《九歌》《天问》等诗。这些诗，以优美的语言和丰富的想象表达了他疾恶如仇、忧国忧民和为理想而献身的精神，被誉为“逸响伟辞，卓绝一世”（鲁迅《汉文学史纲要》）。李白（701—762 年），25 岁时“仗剑去国，辞亲远游”，到过今天的湖南、江苏、湖北、河南、山西、山东、浙江、山西、河北、安徽、江西、四川等地，旅行游览为他提供了题材、意境和灵感，他为后人留下了大量脍炙人口、动人心弦的诗歌遗产。此外，王维、杜甫、白居易、刘禹锡、柳宗元、欧阳修、沈括、苏东坡、李清照、陆游、朱舜水、李时珍等中国古代社会著名文人，都有过旅行游览的壮举，都有不朽作品传世。

5．学术考察旅行

学术考察旅行主要是指一些专家、学者或矢志求学之士为了考证先贤遗著的正误或探索客观世界的奥秘，开创一门新学科而进行的治学与旅游相结合的实践活动。司马迁、李时珍、徐霞客便是其中杰出的代表人物。徐霞客（1586—1641 年），名弘祖，字振之，号霞客，明朝南直隶江阴（今江苏省江阴市）人。明地理学家、旅行家和文学家，地理名著《徐霞客游记》的作者，被称为“千古奇人”。徐霞客一生志在四方，足迹遍及今 21 个省（市、自治区）。“达人所之未达，探人所之未知”，所到之处，探幽寻秘，并记有游记，记录观察到的各种现象、人文、地理、动植物等状况。他经 30 年考察撰成的 60 万字名著《徐霞客游记》，开辟了地理学上系统观察自然、描述自然的新方向，既是系统考察祖国地貌地质的地理名著，又是描绘华夏风景资源的旅游巨篇，还是文字优美的文学佳作，在国内外具有深远的影响。《徐霞客游记》开篇之日（5 月 19 日）被定为“中国旅游日”。

6．宗教旅行

宗教旅行是以朝拜、寻仙、取经、求法、布道为目的的一种古老的旅游活动形式，至今仍有很大的吸引力。中国古代社会的高僧云游是很盛行的，著名旅行家有法显、玄奘、鉴真等人。法显（377—422 年），东晋佛教学者。东晋隆安三年（399 年），他从长安出发，先越甘肃的陇山，过青海的养楼山，穿河西走廊，西出阳关，经流沙河（大戈壁）到鄯善国（今新疆若羌县）；又北上焉夷国（今新疆焉耆县），越塔克拉玛干大沙漠到于阗国（今新疆和田县）；再过葱岭（今帕米尔高原），遍历北天竺（今阿富汗、巴基斯坦境内）、中天竺（今印度垣河流域）等地，是中国僧人赴印度留学的先驱。他得到了《摩诃僧祇律》《方等》《大般泥洹经》等经籍，并学会了梵书梵语。后来，他乘船到狮子国（今斯里兰卡），又经印度尼西亚爪哇岛北上，于义熙八年（412 年）从山东青岛崂山登陆返回。他把自己 14 年的旅行见闻写成《佛国记》(原名《历游天竺记传》，又名《法显传》)，对 30 多个国家的山川风物做了扼要描绘。这部书既是 5 世纪初亚洲的佛教史，又是中印等国的交通史，还是中国现存有关海上交通的最早史籍。

7. 节庆旅游

节庆旅游主要是以旅行的方式为庆祝节日而进行旅游的活动。节庆旅游体现在中国各族人民生活习俗和节会喜庆中，如春节庙会、元宵灯市、清明踏青、端午竞舟、中秋赏月、重阳登高等都是较为流行的游览方式。春节庙会的内容是丰富多彩的，主要有舞狮子、耍龙灯、踩高跷、逛花市等。如舞狮子，每当“爆竹一声除旧岁”之时，舞狮活动便伴随着送暖的春风和欢乐的锣鼓出现在城镇乡村，为一年一度的新春佳节增添了喜庆气氛。

二、近代旅游阶段

中国的近代旅游指从1840年鸦片战争到1949年中华人民共和国成立这一历史时期的旅游。1840年的鸦片战争，帝国主义用坚船利炮打开了中国的大门，这一时期中国由一个独立的封建国家沦为西方列强入侵下的半殖民地半封建社会。西方商人、传教士、学者和冒险家等纷纷来到中国，大肆掠夺财产，“东方中国遍地是黄金”的传言使得更多的殖民国家来到中国分羹，与此同时也在传播西方的宗教文化，意识形态领域影响着国人，他们在风景名胜地建立别墅，一时间中国成了外国冒险家的乐园。与此同时，中国人出国旅游的人数也开始慢慢增加，其中一部分是出国游历的学者，更多的是积极到西方学习先进知识的学生，他们寻求救国图强的真理。从1872年开始，清政府先后派国人到美、英、德、日等国家学习，其中代表性的有邓世昌、詹天佑、严复等。到1906年底，官费、自费留学生达到8 000人，其中黄兴、康有为、孙中山、周恩来、朱德等就是杰出代表。

同其他行业一样，最早在中国办理旅游代理业务的不是中国人，而是外国人。早在20世纪初，英国通济隆公司、美国运通公司、日本国际观光局先后进入中国，从事旅游代理业务。但是，由于社会动荡和不太了解中国国情，并没有打开旅游局面。1923年8月，中国有识之士上海商业银行总经理陈光甫，在国外旅行社蓬勃发展、外国旅游企业入驻中国市场的情况下，为了给上海商业银行扩大生财之道，也为了开办中国人自己的旅行社，利用家族优势，毅然成立了上海商业储蓄银行旅行部。1927年6月，该部从银行中独立出来，成立了中国旅行社，这是中国最早的一家旅行社。旅行社下设七部一处，即运输部、车务部、航务部、出版部、会计部、出纳部、稽核部和文书处。旅行社的业务宗旨是“导客以应办之事，助人以必需之便，如舟车舱之代订，旅舍卧铺之预定，团体旅行之计划，调查游览之入手，以致轮船进出日期，火车往来时间，均在旅客所急需者”。其经营的业务范围也相应扩大，包括代售国内外各种交通票据，办理和提供餐饮与住宿，组织国内外团体旅游，代办各种旅游手续和证件等。此外，还提供旅途服务、接待前来当地旅游的游客、提供导游和各项旅行服务、代办邮政电报、经售上海银行的旅行支票及各地土特产、代办货物运输报关和运输保险，并代理海陆空运输业务等。中国旅行社先后在全国 15 个城市设立了分社，同时向国外拓展业务。例如，1925 年春，首次组织由 20 余人组成的旅行团赴日本“观樱”。1927 年春，该旅行社出版了中国第一本《旅行杂志》，宣传名川大山，风土人情。同期还出现过一些类似的旅游组织，如铁路游历代理处、公路旅游服务社、航空讯美公司、浙江名胜导游团。此外，还有一些旅行社团组织，如 1935 年成立的中国汽车旅行社，1936 年成立的国际旅游协会，1937 成立的“有声旅行团”等。这些企业社团虽然规模不大，实力较弱，却是中国近代旅游业的起步，标志着中国旅游业的开始，标志着旅游业将成为中国一个新兴的、发展着的行业。

三、现代旅游阶段

（一）开创阶段（1949—1977 年）

这一阶段的旅游业务主要是国际入境旅游，旅游接待多为单纯政治接待，不计成本，不讲效益。这个时候的旅游业只能算事业，不能称之为产业。中国现代旅游业的诞生和开拓有如下两个重要标志：

（1）我国旅游业的诞生是以“中国国际旅行社”和“华侨服务社”两个旅游机构的建立为标志的。

1954 年成立的中国国际旅行社负责接待外国自费旅游者，由国务院及地方政府的外事办公室领导。1957 年，由各地的华侨服务社组建而成华侨旅行社（1974 年改名为中国旅行社）。新中国成立后，许多华侨归国，厦门、泉州等成了主要接待地之一。1949 年 11 月，厦门华侨服务社成立，其后，重点侨乡广东省、福建省和许多中心城市相继成立华侨服务社。1951 年，中共晋江地署批准成立泉州华侨服务社。1957 年，统一更名为华侨旅行服务社，主要负责接待海外华侨、外籍华人、港澳台同胞，属于政府的侨务系统。旅行社的体制方面名义上定为“国营企业”，实际运作中都是行政或事业单位而不是企业。当时，政府办旅行社的主要目的是争取外国人和华侨来访，使他们更好地了解和支持中国，以扩大中国的对外影响力，属于友好接待性质。当时对旅行社的要求主要是：① 取得接待工作的政治效果；② 主要根据政治条件选择接待对象，而不是广为招徕；③ 旅行社的体制是行政或事业单位而不是企业。由此可见，当时的旅行社是为了做好政治接待而设立的。

（2）我国旅游业的开拓是以“中国旅行游览事业管理局”的成立和中国客源市场的转移以及旅游者构成的变化为标志的。

1964 年 7 月 22 日，中国旅行游览事业管理局成立，其直接意义是中国旅游事业从此有了专门的领导机构。

1954 年“日内瓦会议”和 1955 年“万隆会议”使中国的国际地位得到了明显的提高，来华自费旅游者也逐渐增多，其中 95% 来自苏联和东欧各国。1956—1960 年，我国的国际旅游和海外华侨、港澳同胞回内地旅游呈平稳上升趋势。1961—1963 年，由于自然灾害的爆发，以及国际政治关系的变化，苏联和东欧来华旅游者的数量逐年下降，而西方国家旅游者的数量却大幅增加。1964 年 7 月 22 日，第二届全国人民代表大会常务委员会第一百二十四次会议决定在中国国际旅行总社的基础上，设立中国旅行游览事业管理局，作为国务院直属机构，对外仍保留中国国际旅行总社名义，局社合署办公。到 1965 年，来华旅游者总数的 86% 来自西方国家，我国国际旅游市场发生了根本的变化。同时，来华旅游者人员构成也有较大的变化：散客增多，民间组织的旅游团所占的比重日益增长，其经济效益也有较大的提高。

20 世纪 60 年代中期，正值我国旅游事业蓬勃发展，由于受“文革”的影响，旅游业同国民经济其他产业一样，处于萧条的停滞阶段。1971 年，在毛泽东同志对旅游接待工作做了重要批示后，周恩来同志亲自召开旅游工作会议，并提出“宣传自己，了解别人”的正确方针，国际旅游接待自此之后有所恢复。

（二）改革振兴阶段（1978—1989 年）

改革振兴阶段的旅游业务主要是以入境旅游为主。

1978 年底召开的党的十一届三中全会，开创了改革开放的新局面。随着国家开放政策的实施，旅游业在国民经济中的地位和作用得到应有的重视。在一系列旅游方针政策的指引下，通过不断改革，突破了我国旅游业长期以来基本属外事接待的模式，旅游业作为一个综合性的经济事业的性质得到肯定，一种具有较强活力的新的发展模式逐步形成。邓小平同志作为党的第二代领导集体的核心，是我国改革开放的总设计师，也是积极发展旅游业的倡导者和奠基人。邓小平同志指示：“旅游事业大有文章可做，要突出地搞，加快地搞。”“搞旅游要把旅馆盖起来，下决心要快，第一批可以找侨资、外资，然后自己发展。”邓小平同志就旅游业对国家政治、经济的积极作用，旅游业对改革开放的积极作用，以及旅游管理、旅游开发、旅游促销等一系列旅游业的基本认识、基本规律做了明确的指示。在邓小平同志的积极倡导下，发展旅游业得到了党中央、国务院的高度重视。1978 年 11 月 23 日，国务院批准了《全国旅游工作座谈会纪要》。1979 年 8 月 6 日，国务院决定将全国各地的高级饭店划归为地方旅游局和国际旅行社分、支社管理，实行企业化经营。1979 年 11 月 29 日，国务院批转了国家旅游局《关于大力发展旅游事业若干问题的报告》。1980 年，国家开始在一批大学里开办旅游系或旅游专业，又决定将北京第二外语学院规划国家旅游总局领导。1982 年 8 月 23 日，第五届人民代表大会常务委员会第 24 次会议确定中国旅行游览事业管理总局更名为中华人民共和国国家旅游局，为国务院直属机构。1983 年 10 月，“世界旅游组织”印度新德里会议上一致通过接纳中华人民共和国为正式成员国，标志着中国旅游业已跨入世界旅游业的行列。党中央、国务院按照邓小平同志的指示陆续采取的这一系列重大举措，为中国旅游业走上产业化大发展的道路奠定了基础。这一阶段，由于中国旅游设施不完善以及其他因素，我国旅游业重点发展的是入境旅游，对国内旅游则实行“不宣传，不提倡，不反对”的方针。

1986年，旅游业的接待人数和创汇收入被正式纳入“七五”计划，这是旅游业第一次在国家计划中出现,是我国旅游业发展史上的一个里程碑。

（三）全面发展阶段（1990年至今）

1．入境旅游和国内旅游并行发展（1990—1996年）

20世纪90年代以后，由于我国社会经济的发展和人民生活水平的不断提高，国内旅游市场逐步形成。国家有关部门也对国内旅游发展给予了重视，提出国家、地方、部门、集体、个人“五个一起上”的方针，形成全社会大半国内旅游业的格局。1991年，在《关于国民经济和社会发展十年规划和第八个五年计划纲要》中正式明确将旅游业的性质定为产业，这标志着中国旅游产业大发展并成长为国民经济新的增长点。进入“八五”计划期间，随着我国旅游基础设施配套的逐步完善，我国旅游业发展开始走上了快车道，以江泽民同志为核心的党的第三代领导集体更加重视发展旅游业。1992年6月，党中央、国务院做出《关于加快发展第三产业的决定》，进一步明确旅游业是第三产业的重点。1992年8月，国务院决定试办国家旅游度假区，并为此出台了八个方面的优惠政策。1993年1月，国务院办公厅转发了国家旅游局《关于积极发展国内旅游业的意见》，明确了国内旅游要纳入国民经济和社会发展计划等一系列支持发展国内旅游业的方针。1995年5月1日起，我国实行“五天工作制”，新的工作时间制度增加了人们的闲暇时间，进一步刺激了人们国内旅游的需求，使国内旅游成为我国人民生活需求的一部分。

2．入境旅游、国内旅游和出境旅游全面发展（1997年至今）

1997年7月1日，我国正式实施了《中国公民自费出国旅游管理暂行办法》，该暂行办法的出台标志着国家正式开办中国公民自费出国旅游，也标志着中国出境旅游市场的形成。从1999年5月1日开始，全国实行五一、国庆七天长假制度，加上传统春节，这三个旅游“黄金周”大大地促进了国内旅游的发展。2001年4月，国务院发出《关于进一步加快旅游业发展的通知》，明确了21世纪前期我国旅游业发展的指导思想、奋斗目标和主要工作举措。这些大决策、大政策、大举措，有力地推动和保障了我国旅游业持续、快速、健康的发展。中国旅游业产业模式不断扩大，入境旅游、国内旅游、出境旅游三大旅游市场繁荣兴旺。2005 年，中国入境旅游人数达 1.2 亿人次，入境过夜旅游人数达 4 680 万人次，国内旅游人数达 12 亿人次，出境旅游人数达 3 100 万人次；国内旅游收入达 5 286 亿元人民币，国际旅游外汇收入达 292.96 亿美元，旅游总收入达 7 686 亿元人民币。旅游业已真正成为国民经济新的增长点和许多地方的支柱产业，当代中国已成为真正的世界旅游大国，正努力向世界旅游强国的目标迈进。

现今，旅游是人民大众的社会活动，旅游业成为世界第一大产业，成为经济领域的重要支柱产业，旅游活动的形式广泛多样，内容日益丰富，范围扩及全球。

巩固练习

1. 世界旅游历史可分为哪几个阶段?
2. 伴随着旅游发展的交通工具和旅行社是如何发展的?
3. 中国旅游的发展分为哪几个阶段? 有什么具体的特征?

项目三

旅游活动的构成要素

项目导读

“货”比三家比什么

春节期间，李某一家到外地旅游，为了选择出游的旅行社，他们确实做到了货比三家，最后选择了一家价格最便宜的旅行社。

李某一家去的地方是武夷山，要在江西上饶转乘汽车。在始发火车站，一位年龄较大却很时髦的“老太”前来送行。她自称是旅行社的工作人员，并且告诉大家，到了目的地有人会来接他们。

火车到了上饶，旅客纷纷下车。出站后迟迟不见有人前来接待，等到车站旅客散尽，这时才见一个小女孩急急忙忙地赶来，自称是当地接待旅行社的导游。

旅行团的成员上了一辆设施陈旧、连座椅都坏了几个的中巴。面对这样的旅行条件，成员都很有意见。成员们还没说几句“牢骚话”，那位女导游好像十分无奈地说：“你们参加的是经济团，只出这么点钱，坐好车旅游是不现实的。”

到了武夷山住宿地，走进房间一看，原来是 4 个人一间的“标准间”，浴室和洗手间都是在室外，热水供应也仅限于晚上 6 点至 8 点。这时，李某问女导游这是怎么一回事。那位女导游还是那么一句老话：“你们参加的是经济团，只出这么点钱，住星级宾馆是不现实的。”

最为恼人的是，原先旅行社规定的活动项目“三下五除二”地很快结束，而自费的项目却不少。为了买个好心情，这一切大家都忍了。等到回家后李某全家一合算，发现所花费用并不比那些名牌旅行社的豪华团便宜。李某深深地叹了一口气说：“我们全家参加的是一个吃苦旅游团，看来‘货比三家’旅行社中这个‘货’，概念是不同的。”

思考

该案例中的“货”指的是什么？比的又是什么？

任务一　旅游者

人们需要外在的活动，是因为他们没有内在的活动——这个事实解释了那些无所事事的人的焦躁不安，以及他们毫无目标的旅游热。

——［德］叔本华

一、旅游者的定义及类型

对任何事物概念的界定都必须放在一定的历史范围之内，并结合实践进行考察分析。考察者由于立场不同、视角有异，往往各持己见，因而定义存在分歧。随着国际旅游事业的发展，参加国际旅游活动的人日益增多，制定一个各国共同认可、方便统计和研究的定义显得十分重要。

（一）旅游者的定义

1. 外国旅游者

早在 1800 年，“tourist”这个词就出现在英国牛津词典上，意为中文的“旅游者”。1937 年，国际联盟统计专家委员会为便于各国进行统计，与国际官方组织联合会协商后提出了一个关于外国旅游者的定义：“旅游者就是离开自己的常住国到另一个国家访问 24 小时以上的人。”这里强调的时限是超过一天，亦即要过一夜。可以确认下列几类旅游者：

（1）为寻求娱乐、消遣，或为健康、家庭原因而进行旅行的人。

（2）参加国际会议的人，或以任何身份出席科学、政治、外交、宗教和体育活动等会议或公务的出国人员。

（3）为洽谈商业业务而出国旅行的人。

（4）在航海途中停靠某口岸，即使逗留时间不足 24 小时的人。

同时确认下列五类人不属于旅游者：

（1）抵达某一国家担任某个职务（不论是否订有合同），或者从事商业活动的人。

（2）到另一国定居的人。

（3）到另一国学习并在校膳宿的学生，或寄宿企业的青年人。

（4）边境居民越过边界工作的人。

（5）临时过境而不逗留，即使因故超过 24 小时的人。

2．游客的概念

1963 年，联合国在罗马举行了旅行和旅游会议。这次罗马会议提出了一个“游客”的概念。“游客”包括两类：

（1）旅游者。

到一个国家去暂时逗留至少 24 小时的人。其目的：一是消磨闲暇时间（如从事娱乐、度假、宗教和体育活动等）以及为了健康、研究；二是工商业务、探亲、出差和开会等。

（2）短程旅行者。

到另一个国家去暂时逗留不足 24 小时的人（包括乘邮船进行海上旅行的人）。

罗马会议确立了“游客”一词，游客指“除了为获得有报酬的职业之外，基于任何原因到一个非常住国去访问的任何人”，而且对“旅游者”做了全面的解释：一是它清楚地把旅游者与谋求定居就业的人区别开来；二是不根据国籍而根据实际的居住国进行分类。

1976 年，联合国统计委员会专家统计小组采纳了罗马会议的定义。该委员会又于次年通过了这个定义。1977 年，国际官方旅游组织联合会也通过了这个定义，因而被各国广泛采用。

但是，在实际统计时，各国仍然采取了不同的做法。例如，西班牙每年接待四千多万旅游者，其中 90% 来自邻国，到西班牙旅游主要是为了游海滩、晒太阳和购物，有的人并不过夜，实为白天游客——短程旅游者。又如，我国亦把到深圳旅游当天往返的大量香港同胞统计在旅游者的范围内，这主要是由于有的国家对入境旅游人次的统计方法不同，而导致与罗马会议定义所遵循的严格程度不一致。从总体上讲，目前全世界普遍公认罗马会议定义的权威性，我国亦不例外。

3. 国内旅游者

1984 年，世界旅游组织鉴于各国给国内旅游者所下的定义不一，给国内旅游者下了以下定义："任何因消遣、闲暇、度假、体育、商务、公务、会议、疗养、学习和宗教等目的，而在其居住国（不论国籍如何）进行 24 小时以上、一年之内旅行的人，均视为国内旅游者。"

要强调的是，这个定义不是以国籍来划分。不论国籍如何，只要是在居住国进行的境内旅游，均属国内旅游。比如，一个外国的外交官，常住我国一年以上，在我国境内旅行，亦应被视为我国国内旅游者，而不能统计为国际旅游者，尽管他不是中国籍。

（二）旅游者的类型

旅游者的划分可以按照多种形式来进行，但最根本的是根据旅游者的游览目的来划分，现将旅游者分为以下四种类型。

1. 观光型旅游者

观光旅游者为异国他乡的风景、风土人情所吸引，通过旅行亲自去观看、欣赏向往已久的旅游景观而获得愉悦、休息和美的享受。一般说来，观光旅游者人数是所有旅游者中之最。他们的特点一般有：① 以对旅游吸引物的静态观赏为主；② 喜欢去往知名度高的旅游目的地；③ 活动空间较大，在各具体旅游目的地逗留时间较短；④ 流动性较大，季节性强；⑤ 对价格较为敏感。

2. 公务型旅游者

从第二次世界大战至今，公务型旅游者一直是世界各国旅游业一个重要的旅游客源市场。我国自改革开放以来，每年召开的各种商贸会议数不胜数，并随着国际交往的增多，参加者也越来越多。由于这类旅游者的旅游动机特殊，其表现出来的特点与其他类型有较大的差别：① 消费水平高，在价格方面不太敏感；② 对目的地和出发的时间选择性小；③计划性较强，对接待设施和服务质量要求比较讲究。

3．家庭和个人事务型旅游者

这类旅游者的旅游目的各不相同，有探亲访友的、寻根问祖的，有参加节庆活动的，有出席婚礼的，也有学术考察的，还有其他一些因个人原因出游的。在时间选择上，利用带薪假期、传统节假日和周末双休日等出游的旅游者较多，当然，也有因其他特殊情况请事假出游的旅游者。

4．特种旅游者

特种旅游，有的称特殊兴趣旅游，也有的称专项旅游，是一个正在成长的新兴市场。这类旅游者崇尚和追求新、奇、险，不再满足于对旅游客体的观光、游览，参与性愿望较其他类型的旅游者更为强烈，其旅游目的特殊而鲜明，表现出很强的个性。

首先，他们选择的旅游环境，包括自然环境和文化环境，必须具有浓郁的原始自然性，也就是要保持“原汁原味”，通常游历的地区为边（边疆）、古（古老悠久文明）、荒（沙漠或人迹罕至之处）、奇（地形地貌奇特）、险（地势险峻）、少（少数民族）地区。

其次，旅游者往往是在运动中感知和体验外部世界，通过冒险、感官刺激或面对一个全新的环境，得到一种精神上的享受与满足，对旅程的安排和组织都有较高的自主性、能动性和适应性。

再次，由于特种旅游是一种高层次、富于文化内涵的旅游，对参加者的要求相应较高，除了要有一定的知识修养和良好的素质之外，还要有健壮的体魄、坚强的意志与毅力。因为特种旅游者是以自己的生命去感受发现自然、融入自然，最后战胜自然的乐趣，要吃得起苦，经受得住各种困难的磨炼、险恶环境的考验，这与一般观光旅游者、休闲度假型旅游者、商务旅游者所享受的舒适、宁静、安逸、轻松的旅游生活是根本不同的。

最后，由于特种旅游者通常去往的目的地为保持原始自然和人文风貌的地区，这就要求旅游者和导游必须具有较强的环境保护意识和法规意识，要有可持续发展的观念，既要防止在旅行中发生破坏生态环境和旅游资源的行为与事件，又要达到自己旅游尽兴的目的。

当然，以上根据旅游者的旅游目的进行的划分不是绝对的，如果旅游者在一次旅游中同时带着多个旅游目的进行多种形式的旅游活动，那么，我们应依据旅游者在不同时间参与的不同旅游项目来进行分类。另外，如果是纯粹的商务、会议、探亲访友人员，由于他们在出行目的上缺乏审美和愉悦的规定性，因此上述人员应该划入比“旅游”范畴更大的“旅行”中去。也就是说，这些人可以算旅行者而不应算作游客。如果他们在整个旅行期间确曾有过一段旅游经历，那么，他们只在这一时间段内是游客。

为了更好地区分游客和其他旅行者以及旅游者和短程旅游者，我们进行如下分类（见图 3-1）。

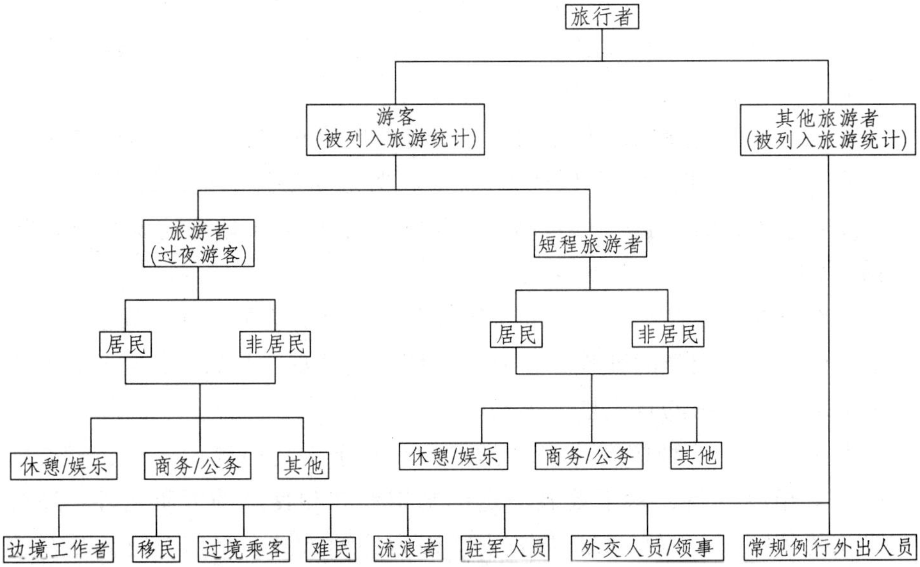

图 3-1　旅游者的分类

二、成为旅游者的客观条件

旅游活动既然是人们离开常住地的一种物质文化生活，那么它就必须在一定的社会物质条件下才能进行。一个人要成为旅游者，必须在经济上有足够的时间和支付能力，因此，可自由支配的收入水平与闲暇时间就成了旅游者产生的最基本的客观条件。

（一）收入水平

旅游的动机能否实现和旅游消费水平的高低，取决于一个人可随意支配的收入。随意支配的收入不等同于一个人的全部收入，因为一个人必须支付家庭的必要开支，如水电房租、柴米油盐日用品等。现代西方社会，随意支付的收入还包括社会医疗保险、税金等。目前我国正在逐步向这方面转轨。

例如，当一个家庭或一个人的收入尚不足以购齐生活必需品时，这个家庭和个人是很少外出旅游的。但在满足了温饱之需，并购齐了日常家用电器诸如电冰箱、洗衣机、彩电、录像机等之后，相当多的家庭和个人便会把可随意支配的收入转向旅游。

（二）闲暇时间

闲暇时间是人们可以支配的自由时间，这是决定人们能否实现旅游的重要客观因素。

马克思曾指出：闲暇时间是满足绝对需求所需要的劳动时间留下的从事其他活动的剩余时间，是劳动者用于消费和从事自由活动的时间，是为全体社会成员本身发展所需要的时间。恩格斯曾把时间分为生存、享受和发展三个部分，为生存所必需的时间为劳动时间，用于享受和自身发展的时间为闲暇时间。

随着时代的发展，人们在现代社会生活中的时间构成有：

（1）法定的就业工作时间；

（2）必需的附加工作时间，如必要的加班加点，必要的第二职业所花费的时间等；

（3）用以满足生理需要的生活时间，如吃饭、睡觉、休息、家务等；

（4）必需的社会活动时间，指必要的社会交往等；

（5）可以自由支配的时间——真正的闲暇时间。

可见，可以自由支配的时间是指在人生中除谋生和自我生存所需时间以外的时间，即用于追求闲情逸致的自由时间，亦即在满足了工作、睡觉、吃饭及必要的日常琐事的需要之后所剩余的时间。这些时间不等同于娱乐时间，因为还可以用于读书、学习。

（三）其他客观因素

除了上述的两大基本条件之外，能否实现旅游还要受其他客观因素的影响和制约。例如家中有 4 岁以下的婴幼儿，本人身体状况不能适应旅游活动的频繁流动等。调查表明，婴幼儿需要特殊细致的照顾，外出麻烦太多，不但不能享受旅游的情趣和愉悦，反而处处不便，徒增苦恼。老年人似乎拥有外出旅游的种种条件，诸如时间充裕、不乏金钱等，但事实上真正能参加旅游活动的老年人却并非想象中那么多，其中一个重要原因是许多老年人担心自己的身体不能适应频繁的流动。

有丰裕的金钱和相当的可以自由支配的时间，只是具备了旅游者的外部动因即客观条件，要成为旅游者，还必须具备其主观因素，即强烈的旅游愿望，这就是旅游动机。简而言之，旅游动机就是推动一个人有意于旅游，以及到何处去、做何种旅游的内在考虑。

一般来说，动机是实现某种活动的内在原因和动力，动机是需要的表现形式。有什么需要，便有什么动机。旅游动机是为了满足人的什么需要呢？旅游动机的产生具有多种因素，社会的、经济的、政治的、生理的、心理的等各方面的因素兼而有之，因此综合研究这些因素，具有普遍的典型的意义。

任务二　旅游资源

在远天底下，有许多我迟早要去，也终必能去的地方——我摆脱不了在心灵中流浪，又要在天地间流浪的命运的诱惑。

——余纯顺（中国探险家）

一、旅游资源的概念、特点及分类

（一）旅游资源的概念

旅游资源概念的内涵十分丰富。一般来说，旅游资源是一切旅游吸引物的总和，可供旅游者游览、疗养、娱乐，能够使旅游者得到有益的知识、积极的休息、审美的体验，只要能够达到上述目的，不论是自然风景、社会历史遗存、精神或物质的条件，都可称为旅游资源。

旅游资源是旅游业赖以生存与发展的物质条件和基础，在人类的旅游活动中占有重要的地位。任何旅游点，都必须有景可赏，有物可观、可玩。旅游者对旅游目的地的选择首先考虑的就是旅游资源，旅游资源的审美性和欣赏价值越高，就越能吸引人。它的吸引力的强弱程度往往可以成为决定旅游规模大小和客源多少的决定性因素。另外，也必须考虑该项旅游资源的坐落地点，如果其坐落地点十分偏僻，远离客源地区和交通要道，也会减低其吸引人的魅力。对此种情况，唐朝的柳宗元曾发出慨叹，他在描写湖南永州钴鉧潭西小丘的“嘉禾”“美竹”“奇石”之后写道：“噫，以兹丘之胜，致之沣、镐、鄠杜（今西安地区），则贵游之士争买者，日增千金而愈不可得。今弃是州也，农夫渔夫过而陋之……”的确，有的地方的自然风景即使十分优美，但僻处一隅，未经开垦加工，加上交通不便，往往如明珠尘埋，不为世人所知，更不要说大批旅游者前往观光了。

由此可见，从旅游资源的作用来分析，我们可以将其分为现实旅游资源和潜在旅游资源两种。

现实旅游资源指现在已经可供旅游者享用，并且事实上在吸引旅游者前往的旅游资源，而不管其是否有人开发过。“开发”一词，本意是指用垦殖开采等方法来充分利用天然资源或荒地，包含了已付出大量的体力和脑力劳动之意。但实际上有些旅游资源，未经过人力开发也能为旅游业利用，例如某些旅行社组织的探险式的登山旅游和南极观光，便属于此类，亦应列为现实旅游资源。

潜在旅游资源指那些本身具有吸引力的天然资源，但由于目前交通条件或其他接待条件不具备，还不为人所知或者暂时还不能让更多的旅游者观赏游览。这些有待人们去认识和开发，方能供人享用的旅游资源，就是潜在的旅游资源。它们只有经过人们有意识地开发，才可以成为可供旅游业利用、让旅客观赏游览的现实旅游资源。

按自然存在来分析，人们通常把旅游资源分为自然旅游资源和人文旅游资源两大类。

自然旅游资源是组成自然地理环境的，适于人们游览、观赏、娱乐、考察、疗养等旅游活动的天然生成的物质的总和。

人文旅游资源指能吸引人们旅游的古今人类活动的文明成果，即古今人类所发明创造的物质财富和精神财富的总和。

（二）旅游资源的特点

1．多样性

旅游资源概念内涵丰富，因而其形式和内容是多样的、丰富多彩的。例如，山水风光、文物古迹、民俗风情固然是可资开发利用的三大系列旅游产品，除此之外，我国的烹调艺术、各具地方风格和特色的四大菜系以及与此相关的饮食文化，也是人文旅游资源中具有非凡魅力的一张王牌，吸引着无数的海内外食客和美食家。事实上，一般旅游者来到一个新地方，那里的特色食品或风味菜对他的吸引力是很大的。古今中外，莫不如此。

2．不可移动性（垄断性）

许多历史文物都是特定历史时代的产物，具有不可再生和无可替代的特点。真可谓“只此一家，别无第二”，旅游资源在地理上具有不可移动的特点。埃及的金字塔，我国的万里长城、紫禁城，肯尼亚的天然动物园等，都是天下的“绝物”，具有垄断性。因此，它的魅力和吸引力也是任何仿造物无法比拟的。

3．可创新性

人类社会在不断演变，每一个时代都有它自己的历史遗存。随着时代的不断发展，科技的日益进步，生产力的不断提高，人文旅游资源也会不断地创造出来，以取代落后的不为人喜爱的旅游吸引物。因此，旅游资源也会不断地被淘汰和创新补充。特别是在那些历史并不悠久而又缺乏旅游资源的国家和地区，为了满足人民的需要，便会创造出一些新奇而又合乎时尚的旅游吸引物。我国的深圳市就是成功的范例。深圳本来并没有足以吸引大量旅游者的旅游资源，但它凭借自己的经济实力，迅速地建造了“锦绣中华”“中国民俗文化村”“世界之窗”“野生动物园”，取得了良好的社会效益和经济效益。

（三）旅游资源的分类

根据旅游资源本身的属性,可以大致将旅游资源划分为自然旅游资源、人文旅游资源、社会旅游资源三大类。自然旅游资源通常是指由自然界中地理环境和生物所构成的，具有观赏、游览、科学考察等可以开展其他活动的价值，吸引旅游者前往的天然景观。它主要包括气候天象类、地文景观类、水域风光类、生物景观类等旅游资源。人文旅游资源是指历史上由人类活动所创造的，具有旅游价值的物质财富和精神财富，主要包括文物古迹、宗教文化、民俗风情地、地乡风貌文学、艺术饮食购物等。

2003 年 2 月 24 日发布、2003 年 5 月 1 日实施的《中华人民共和国国家标准：旅游资源分类、调查与评价》是以旅游资源本身的属性作为分类标准的最具有代表性的方法，其中提出旅游资源由 8 个主类、31 个亚类和 155 个基本类型组成（详细内容见表 3-1）。在《旅游资源分类、调查与评价》中，地文景观、水域风光、生物景观、天象与气候景观等 4 类属于自然旅游资源；遗迹遗址、建筑与设施、旅游商品、人文活动等 4 类属于人文旅游资源。

表 3-1　中国旅游资源分类表

主类	亚类	基本类型
A 地文景观	AA 综合自然旅游地	AAA 山丘型旅游地 AAB 谷地型旅游地 AAC 沙砾石地型旅游地 AAD 滩地型旅游地 AAE 奇异自然现象 AAF 自然标志地 AAG 垂直自然地带
	AB 沉积与构造	ABA 断层景观 ABB 褶曲景观 ABC 节理景观 ABD 地层剖面 ABE 钙华与泉华 ABF 矿点矿脉与矿石积聚地 ABG 生物化石点

续表

主类	亚类	基本类型
A 地文景观	AC 地质地貌过程形迹	ACA 凸峰 ACB 独峰 ACC 峰丛 ACD 石（土）林 ACE 奇特与象形山石 ACF 岩壁与岩缝 ACG 峡谷段落 ACH 沟壑地 ACI 丹霞 ACJ 雅丹 ACK 堆石洞 ACL 岩石洞与岩穴 ACM 沙丘地 ACN 岸滩
	AD 自然变动遗迹	ADA 重力堆积体 ADB 泥石流堆积 ADC 地震遗迹 ADD 陷落地 ADE 火山与熔岩 ADF 冰川堆积体 ADG 冰川侵蚀遗迹
	AE 岛礁	AEA 岛区 AEB 岩礁
B 水域风光	BA 河段	BAA 观光游憩河段 BAB 暗河河段 BAC 古河道段落
	BB 天然湖泊与池沼	BBA 观光游憩湖区 BBB 沼泽与湿地 BBC 潭池
	BC 瀑布	BCA 悬瀑 BCB 跌水
	BD 泉	BDA 冷泉 BDB 地热与温泉
	BE 河口与海面	BEA 观光游憩海域 BEB 涌潮现象 BEC 击浪现象

续表

主类	亚类	基本类型
B 水域风光	BF 冰雪地	BFA 冰川观光地 BFB 常年积雪地
C 生物景观	CA 树木	CAA 林地 CAB 丛树 CAC 独树
	CB 草原与草地	CBA 草地 CBB 疏林草地
	CC 花卉地	CCA 草场花卉地 CCB 林间花卉地
	CD 野生动物栖息地	CDA 水生动物栖息地 CDB 陆地动物栖息地 CDC 鸟类栖息地 CDE 蝶类栖息地
D 天象与气候景观	DA 光现象	DAA 日月星辰观察地 DAB 光环现象观察地 DAC 海市蜃楼现象多发地
	DB 天气与气候现象	DBA 云雾多发区 DBB 避暑气候地 DBC 避寒气候地 DBD 极端与特殊气候显示地 DBE 物候景观
E 遗址遗迹	EA 史前人类活动场所	EAA 人类活动遗址 EAB 文化层 EAC 文物散落地 EAD 原始聚落
	EB 社会经济文化活动遗址遗迹	EBA 历史事件发生地 EBB 军事遗址与古战场 EBC 废弃寺庙 EBD 废弃生产地 EBE 交通遗迹 EBF 废城与聚落遗迹 EBG 长城遗迹 EBH 烽燧

续表

主类	亚类	基本类型
F 建筑与设施	FA 综合人文旅游地	FAA 教学科研实验场所 FAB 康体游乐休闲度假地 FAC 宗教与祭祀活动场所 FAD 园林游憩区域 FAE 文化活动场所 FAF 建设工程与生产地 FAG 社会与商贸活动场所 FAH 动物与植物展示地 FAI 军事观光地 FAJ 边境口岸 FAK 景物观赏点
	FB 单体活动场馆	FBA 聚会接待厅堂（室） FBB 祭拜场馆 FBC 展示演示场馆 FBD 体育健身馆场 FBE 歌舞游乐场馆
	FC 景观建筑与附属型建筑	FCA 佛塔 FCB 塔形建筑物 FCC 楼阁 FCD 石窟 FCE 长城段落 FCF 城（堡） FCG 摩崖字画 FCH 碑碣（林） FCI 广场 FCJ 人工洞穴 FCK 建筑小品
	FD 居住地与社区	FDA 传统与乡土建筑 FDB 特色街巷 FDC 特色社区 FDD 名人故居与历史纪念建筑 FDE 书院 FDF 会馆 FDG 特色店铺 FDH 特色市场
	FE 归葬地	FEA 陵区陵园 FEB 墓（群） FEC 悬棺

续表

主类	亚类	基本类型
F 建筑与设施	FF 交通建筑	FFA 桥 FFB 车站 FFC 港口渡口与码头 FFD 航空港 FFE 栈道
	FG 水工建筑	FGA 水库观光游憩区段 FGB 水井 FGC 运河与渠道段落 FGD 堤坝段落 FGE 灌区 FGF 提水设施
G 旅游商品	GA 地方旅游商品	GAA 菜品饮食 GAB 农林畜产品与制品 GAC 水产品与制品 GAD 中草药材及制品 GAE 传统手工产品与工艺品 GAF 日用工业品 GAG 其他物品
H 人文活动	HA 人事记录	HAA 人物 HAB 事件
	HB 艺术	HBA 文艺团体 HBB 文学艺术作品
	HC 民间习俗	HCA 地方风俗与民间礼仪 HCB 民间节庆 HCC 民间演艺 HCD 民间健身活动与赛事 HCE 宗教活动 HCF 庙会与民间集会 HCG 饮食习俗 HCH 特色服饰
	HD 现代节庆	HDA 旅游节 HDB 文化节 HDC 商贸农事节 HDD 体育节
数量统计		
8 主类	31 亚类	155 基本类型

二、我国的旅游资源

在我国这块古老的土地上，名山大川、江河湖泊、名胜古迹处处皆有，更兼历史文化源远流长。这些都是祖国巨大的物质财富和精神财富，也是发展旅游业的重要资源。

下面着重介绍自然旅游资源和人文旅游资源，注重利用新资料分析新问题。

（一）自然旅游资源

自然旅游资源是地球表面上自然存在的、原始的地形地貌，是由大气圈、河流山脉、大海潮汐、岩层土壤、动植物等自然界的物质组成的，它是人文景观的基础。

1．名　山

山是自然风景的骨架。较易吸引人的山，一般海拔在 300 ~ 3 500 米，相对高度在 300 ~ 1 000 米的范围内。在城市郊区，也有低于 300 米的山。我国是一个多山的国家，我国的名山到底有多少？《中国大山名山主峰图》收集的名山共有 779 座，其中 610 座名山中，国家级的占 11%，省级的占 25%，县级的占 64%。

表 3-2 所示的是驰名的极具旅游欣赏价值的名山。

表 3-2　极具旅游欣赏价值的名山简介

山名	高度/m	所在省市（县）
庐山	1 474	江西省九江市
九华山	1 343	安徽省青阳县
衡山	1 300	湖南省衡山市
雁荡山	1 130	浙江省乐清市
武夷山	917	福建省崇安县
普陀山	291	浙江省普陀县
梵净山	2 572	贵州省江口县

自古以来，喜山乐水的文人墨客比比皆是。孔子曰“登泰山而小天下”，又曰“仁者乐山”，李白曰“一生好人名山游”。这些既是许多文人学士的客观写照，也反映了亿万旅游者的共同愿望。

大城市附近的山常常是市民假日休憩消闲的好去处，如北京的香山、广州的白云山、南京的钟山、重庆的缙云山、鞍山的千山等。

2．湖　泊

事实上，旅游活动中喜欢水的人更多。著名的园林，往往都有人工湖镶嵌其中，足见湖在风景中的地位。据统计，全国大大小小的湖约 215 万个，著名的有杭州的西湖，扬州的瘦西湖，南京的玄武湖、莫愁湖，武汉、广州和浙江绍兴的东湖，嘉兴的南湖，昆明的滇池，济南的大明湖等。可以说，各大中城市，差不多都有湖泊作为该市的风景点。即使没有天然的湖泊，也有巨大的水库或人工湖作为“代替品”。

至于五大淡水湖——鄱阳湖、洞庭湖、太湖、巢湖、洪泽湖，因水域面积巨大，往往湖中有岛，湖光山色相映成趣，更具迷人魅力。

3．海滩海岛

我国的海岸线长而曲折，达 1.8 万千米，北起鸭绿江口，南迄北仑河口。沿海的海岛、海滩不少是度假避暑胜地。自北向南，大连、北戴河、烟台、威海、青岛、厦门、汕头、南澳岛、深圳、海陵岛、上川岛、三亚等地，都有适于度假的海滩。这些海滩、海岛，碧浪蓝天，滩平潮缓，阳光灿烂。特别是广东、海南岛的几个海滩，属亚热带海洋性气候，一年四季都洒满金色的阳光，每年晴天数近 300 天，适合海水浴的天数超 200 天，年均气温 23 °C 左右，冬无严寒，夏无酷暑，适合常年度假。

4．江河瀑布

我国的江河风光秀丽优美。黄河、长江是我们文明的发祥地、母亲河，沿线遍布风景名胜。江流的某些段落，两岸风光如诗如画，成为旅游者畅游欣赏的热点。如长江的万州至宜昌这一段，三峡连绵逶迤，水深流急；苏州到镇江一段的大运河，莺飞草长、杂花生树；桂林到阳朔一段的漓江，山水绮丽，风光绝佳。

由于水流对河底硬、软岩层的侵蚀有差别，硬岩层突露于易受侵蚀的软岩层之上成为陡崖，河流便在这里陡然坠落成为瀑布，流量大、落差大者蔚为大观。如黄河壶口瀑布、黄果树瀑布、长白山瀑布、雁荡山大龙湫瀑布及发源于牡丹江上游镜泊湖口的吊水楼瀑布等，吸引了无数游客欣赏流连。其他如山崩、断层、熔层阻塞，以及冰川的差别侵蚀和堆积等，均足以形成小型的瀑布。

5．温　泉

水温超过 20 °C 的泉称为温泉，有的地方把水温超过当地年平均气温的泉称为温泉。温泉的水多半为下渗的雨水和地表水循环至地壳深处而形成，通常是矿泉水。温泉也是地热异常标志，含有各种矿物质，可用以治病和疗养，是开展保健度假旅游的必备条件。我国的温泉资源相当丰富，已探知的温泉达 3 000 余处，其中富含多种化学元素和矿物质的就有 1 200 多处。著名的疗养性温泉有广州市的从化温泉、重庆市的南温泉、北暗的北温泉、陕西临潼华清池、吉林省长白山温泉，以及被誉为“天下第一汤”的云南昆明安宁温泉等。值得一提的是，我国台湾温泉多达 400 处，其中阳明山温泉、北投温泉、台南关子岭温泉和恒春半岛的四重溪温泉，并称为台湾四大温泉。

有的泉水则以甘美、清澈著称于世。中外游客前来游览，都希望用那里的泉水烹茗煮茶，一饮为快。古今驰名的泉水很多，其中被称为“五大名泉”的是：镇江的中冷泉、无锡的惠山泉、苏州的观音泉、杭州的虎跑泉、济南的趵突泉。改革开放以来，我国水文地质工作者经普查勘测，已发现全国可饮用天然矿泉水达 2 000 余处，每年可采资源量达 2.8 亿立方米。

6．岩溶地貌

岩溶地貌也称“喀斯特地貌”，指地表可溶性岩石的溶解作用和伴随的机械作用而形成的各种地貌，如石芽、石林、峰林、石沟、溶洞、溶斗、落水洞、暗河、溶蚀洼地、天然桥等。在岩溶地貌区，往往峰林、石林陡立，秀丽奇特，千姿百态，富有观赏价值。

我国著名的岩溶风景区有桂林的漓江两岸山水、云南的路南石林、四川的兴文石林、广西的武鸣伊岭岩。

对于溶洞，我国历来就有研究和鉴赏。名山名洞被称为“洞天福地”。著名的溶洞相当多，其中负有盛名的有：浙江桐庐县的瑶琳仙境、江苏宜兴的善卷洞和张公洞、广西桂林的芦笛岩、广东肇庆的七星岩、湖南武陵源风景名胜区的黄龙洞、云南宜良九乡溶洞、贵州织金县织金洞、广东阳春的凌霄岩、浙江灵栖洞、北京石花洞。

溶洞中千万年形成的钟乳石是国之瑰宝，是不可再生的自然资源，洞内的石笋、石柱、钟乳石、石蔓千奇百怪，或像人，或像禽，或像兽。洞中的地形或高阔舒展，或幽曲盘回，或有地下暗河……古诗中“瑞气钟灵窟，阳春荡洞天。寒泉流玉髓，怪石倒青莲”的描绘，不过是其中的一种。总之，每一个出色的溶洞都是一幅地下山水的绚丽画卷，配以声光化电，更显七彩缤纷，确有“仙境”般的魅力。目前，我国已经对游人开放的大型溶洞有 70 多个。

7．动植物资源

（1）植物。

森林能提供安静、舒适、优美的环境，是人类寻求精神平衡、接触大自然的理想境地。“回归大自然”“崇尚大自然”的思潮使森林旅游大行其道。2000 年，全球 10 亿旅游者中，有 5 亿人选择森林。

我国森林旅游兴起于 20 世纪 80 年代初。自 1982 年我国正式建立第一个森林公园——张家界森林公园起，特别是 1992 年 8 月原林业部在大连召开的全国森林公园会议后，森林公园的建设和森林旅游业突飞猛进。至 1997 年底全国已建立不同类型、不同层次的森林公园 870 多处，其中包括国家级森林公园 292 处，经营面积达 748 公顷。截至 2014 年底，全国共建立森林公园 3 101 处，总经营面积 1 780.54 公顷。2019 年，全国森林旅游游客量达 18 亿人次，占国内年旅游人数的近 30%。

古树名木常生长在深山寺院或陵墓园林。最古老的树当首推黄帝陵墓旁的轩辕柏，相传为黄帝手栽，树龄已有 5 000 年。次之是被汉武帝巡幸登封嵩阳书院封为“大将军”“二将军”“三将军”的柏树，除树干最大的“三将军”于明末被火焚烧外，“大将军”“二将军”依然“健在”而且生机盎然。与它们大体同龄的还有泰山岱庙的汉柏。再次之是泰山普照寺的六朝松、山东莒县定林寺的银杏树。北京普查古树名木，树龄在 300 年以上的有 4 200 棵。福州市 1998 年普查结果显示，市区古树名木有 1 455 株，其中最珍贵的四大树王是食山白贝壳杉王、鼓岭柳杉王、森林公园榕树王和同寿园樟树王，园林部门给这些古树建档案、挂铜牌，以资欣赏和保护。其他城市也都有一些古树名木。古树名木作为一种旅游资源，不仅仅因为它的古老，还因为其形态殊异，如黄山的“迎客松”、新会的“小鸟天堂”，更重要的是它们与名人名著有关。

名花异卉亦属旅游资源之列。九朝古都洛阳的牡丹，驰名千载，名闻寰宇。“洛阳千古斗春芳，富贵争夺浓艳妆。一自《清平》传唱后，至今人尚说花王。”1994 年 11 月，牡丹以绝对优势，被国人选为国花。但有人主张，牡丹花偏重荣华富贵，反映不出中华民族坚贞不屈、百折不挠的刚强精神，而且在长江流域、珠江流域、海南、台湾等地区较难生长，主张国花应为“四花”，即牡丹加上梅花、菊花、荷花。这“三花”得票次于牡丹，有大量的拥护者。梅花、菊花具备英勇顽强、坚忍不拔的性格，尤其是梅树有 3 000 年的栽培史，又是长寿树种。广州市郊的罗岗，常州市的红梅公园，苏州市郊的邓尉等，都以梅花招徕许多游客。梅林被美称为“香雪海”。

广州市的迎春花市，已有百年历史，誉满海内外。一年一度，华灯不夜，春色满街。尤其是除夕之夜，老少相携，情侣相伴，亲朋一道，漫步花市，人流、花海、灯海、音乐令人永生难忘。

以花闻名的还有桂林，桂林因桂树成林而得名，不过因其山水甲天下而掩其美。以桃花驰名的有武陵桃花源、普陀桃花岛。上海龙华的桃花不仅以美艳闻名，还是革命的象征。广东顺德的陈村镇是明清以来素负盛名的花乡，所产名花进贡朝廷，现每年举办全国闻名的花市，还向海外出口鲜花。中山市的小榄镇，则以菊花闻名于世。

（2）动物。

我国动物种类甚多。据统计资料，我国有兽类 414 种，鸟类 1 175 种，两栖动物 196 种，爬行类 315 种，鱼类 2 000 多种。动物中的鸟、兽、虫、鱼，不少是人类的朋友。差不多每个城市都有动物园。实际上，动物园成了一个长盛不衰的旅游点，成了小朋友及其家长的游憩之所。

我国目前已有大小动物园 170 多个。北京动物园是亚洲最大的动物园，其前身是清代的“万牲园”，现有动物 400 多种，3 000 多只，珍贵动物有熊猫、金丝猴、非洲长颈鹿、犀牛、黑猩猩、澳洲袋鼠、美洲麝牛、欧洲野牛、亚洲象、长臂猿等。

深圳野生动物园是我国大陆第一个新型的动物园，它废弃了隔离动物的墙栅或笼网，动物在接近自然生态的环境中自由自在地活动和憩息。猛兽保持了阳刚之势，珍禽未失其娇艳之姿。游人被载入配有导游的专车里观光，动物则在自由的环境中“看人”，各得其所。这里还有按国际标准设计的我国大陆第一个跑狗场，可举行开世界先河的“动物大游行”。新型动物园与老式动物园还有一个不同之处是让游人高度参与，安排了一些动物同人在一起游玩：与吉祥的仙鹤共舞，逗美丽的孔雀开屏，饲喂顽皮活泼的猴子，跟温驯可爱的梅花鹿合影，教小巧玲珑的八哥学声等。游人通过参与，可更好地了解动物，树立起热爱与保护野生动物的观念，激发兴趣，留下美好的回忆。

广州番禺长隆野生动物世界是民营的大型动物园，拥有种群最多、最大的野生动物，影响之大超过了预期，已成为当下的旅游热点。

（二）人文旅游资源

人文旅游资源又称人文景观。人类的活动，包括活动的成果和痕迹，往往使山山水水有了生命。人文旅游资源就是人类创造、社会进步发展造就的。它又可分为历史遗存和现代社会文明两大类（或两大部分）。

1．历史遗存

历史遗存包括古人类化石及遗址、遗物、历史名人陵墓及故居、宗教场所、古建筑、古典园林、革命文物及其纪念地、历史故事、民间传说等。我国具有举世公认的丰富的世界文化遗产。

文化遗址具有很高的研究价值。通过对这些遗址的研究，可以清楚有力地揭示出人类历史变迁的规律与法则。我国已发现的著名的文化遗址有：

（1）旧瓷器时代遗址。

旧石器时代是石器时代的早期阶段，共经历二三百万年。当时人类使用比较粗糙的打制石器，过着采集和渔猎生活，相当于人类史上从原始人群到母系氏族公社出现的阶段。我国已发现的旧石器时代人类化石有云南元谋猿人、陕西蓝田猿人、北京猿人、广东曲江马坝人、湖北长阳人、山西丁村人。

（2）新石器时代遗址。

新石器时代属于考古学分期中石器时代的最后一个阶段，开始于大约距今七八千年以前，农业和畜牧业使生活资料有较可靠的来源，开始定居生活。广泛磨制石器，已能制陶和纺织。我国各地普遍发现不同类型的新石器时代文化遗址，重要的有仰韶文化、马家窟文化、龙山文化、红山文化、良渚文化等。

（3）古建筑。

我国最著名的古建筑和古建筑工程有万里长城、北京紫禁皇城、拉萨布达拉宫、大运河、都江堰、灵渠、洛阳桥、赵州桥等。

宗教建筑是我国重要的旅游资源。庵、观、寺院，比比皆是，特别是佛教的寺院建筑、石窟、摩崖石刻、佛塔和佛教雕塑、绘画，数量多，影响深远，享誉中外。

著名的佛寺有河南洛阳白马寺、四川成都宝光寺、浙江杭州灵隐寺、山西交城玄中寺、山西五台山佛光寺、河南嵩山少林寺、江苏苏州寒山寺、广东韶关南华寺、山西浑源悬空寺、河南开封相国寺、北京潭柘寺、云居寺和戒台寺、西藏拉萨大昭寺、广东潮州开元寺和显通寺、广东潮阳灵山寺、天津蓟州区独乐寺、青海湟中塔尔寺、浙江普陀普济寺、四川峨眉山报国寺、甘肃夏河拉卜楞寺、陕西西安法门寺、山西五台南禅寺和芮城永乐宫、北京雍和宫和法海寺、河北承德外八庙、河北正定隆兴寺、辽宁义县奉国寺、浙江宁波保国寺、山西应县佛宫寺等。

我国的佛教名窟是世界上保存得最完整的艺术宝库之一。全国拥有佛窟 1 000 余座，其中著名的有山西大同云冈石窟、甘肃敦煌莫高窟、河南洛阳龙门石窟、甘肃天水麦积山石窟、重庆市大足石刻、新疆库车县克孜尔千佛洞、新疆吐鲁番柏孜克里克千佛洞、宁夏固原须弥山石窟等。

此外，还有乐山大佛以及一些卧佛，无一不是人民智慧和劳动的结晶，它们的神韵和艺术生命历千年而犹存。顺便应提及的是，在距乐山大佛约 500 米远的地方，新近建成了当今世界最大、体长 170 米的巨型卧佛以及仿制的东南亚、印度和日本的佛像 3 000 多尊，使这里成了“东方佛都”。

伊斯兰教于唐初传入我国，许多地方建了礼拜寺。现在约有 3 万座清真寺遍布全国各省、市、自治区，其中被列为各级政府重点文物保护单位及古迹、名胜的有 1 000 多处，著名的有扬州仙鹤寺、杭州凤凰寺、泉州清净寺、广州怀圣寺和清真先贤墓。

现有的宗祠、家祠以安徽黟县西武乡南屏村最为完整，有宗祠 2 处、支祠 3 处，形成了清代祠堂建筑群。广州市陈家祠则最为有名。另外还有广州的广裕祠，于 2003 年被联合国教科文组织评为亚太地区文化遗产保护奖第一名。这是中国第一个获此殊荣的文物保护单位。

宗祠、家祠作为宗法社会的象征物，本身的功能似乎已经消失。但有文物价值的宗祠，已被国家列为重点文物保护对象。还应看到，随着时代的发展变化，同一事物可以有也应该有不同的使用价值。宗祠、家祠的文物价值，可以派生出旅游价值，成为一种旅游吸引物，成为寻根旅游者必往、历史文化旅游者乐于参观的旅游资源，同时亦可作为当地青少年了解历史、接受传统文化熏陶的场所。

怀旧及追寻英雄名人踪迹的情怀是许多旅游者共有的。我国古代都市巷陌街坊于今已不多有。“正阳门外琉璃厂，衣锦坊前南后街”，这诗中描述的就是北京琉璃厂与福州南后街。著名的城建规划专家和建筑学家称福州南后街的“三坊七巷”是我国南方保存较完整的古街区之一，是中国古代城市里坊制的典型，是一个拥有众多明、清建筑的古建筑艺术博物馆，也是福州古城的象征。南后街的东侧为杨桥巷、郎官巷、塔巷、黄巷、安民巷、宫巷、吉庇巷，南侧为衣锦坊、文儒坊、光禄坊。其街区格局在唐、五代形成，宋、元、明、清有所发展。后因扩路，杨桥巷、吉庇巷已消失。此一带为福州商业、文化中心，官绅富豪、文人名士多居于此，因而汇集了大批高门府第、园林庭院，而布局和装饰各有不同，体现了福州地方建筑的特色。林则徐、沈葆桢、严复、林觉民、冰心的故居都在这里。因此，“三坊七巷”是历史文化名城福州最具代表性的标志，被国务院列为历史文化遗产的重点保护对象，当然也是福州市发展旅游的重要资源。目前福州市正将其建成一片集文物保护和商贸、旅游、文化、娱乐、住宅为一体的高标准现代综合小区。该小区注意保护坊巷的原街区格局、传统建筑风格、名人故居乃至 50 棵古木大树，被国家文物局及专家学者肯定为改造保护古名城的典型。

我国各地的民居因气候条件、地理特点、民族风格差异而带有各自不同的特点。在我国现存的古建筑中，最多的还是现存的古民居。

山西灵石县静升镇的王家大院是其家族在1762—1811年修建而成的豪华住宅，总面积达15万平方米，被誉为“华夏民居第一宅”，是我国最大的民居古建筑群，共有院落54幢，房间1 000多间。王家大院依山就势，层楼叠院，随地形而变化，错落有致，功能齐备，气势恢宏。所有的砖雕石雕，匠心独具，美观精巧，内涵丰富，有很高的艺术价值。与此相类似的还有因拍摄《大红灯笼高高挂》而驰名的山西祁县乔家大院。

北京的四合院是适合中国旧式家庭的民居，自成一个袖珍的小世界，在某些外国人看来，四合院似乎是传统中国的象征。

浙江东阳市卢宅是明清时期封建士大夫住宅群，建于14世纪，规模宏大（占地面积7万多平方米），布局严谨，而且集木雕、彩绘、砖雕等艺术为一体，被古建筑专家称为“具有国际水平的东方住宅”，堪称“中国民间第一宅”，已被列为全国重点文物保护单位，有关部门修缮后将其申报为世界历史文化遗产。

安徽徽州潜口明代民宅博物馆是全国重点文物保护单位，它将散落在各地的10座典型明代建筑集中在一起形成明代山庄。

黟县西递村至今仍有明清民居300余座，保存完好的有124座。街巷布局依然如旧，建筑古朴典雅，被国内外一些建筑学者誉为“世界上保护得最完好的古民居建筑”“世界上最美的村镇”。

广东省翁源县江尾墟镇建筑独特的客家民居葱茅岭大围屋，始建于明弘治年间（公元1488—1505年），形如阴阳八卦图，至今保存完好。围屋有大街小巷80多条，房屋1 650间，全村张姓，现仍居住300余户，1 000多人，外貌巍峨壮观，围屋中张氏宗祠现仍保存完好，雕梁画栋，古朴典雅。

云南省的民居，也如它的茶花一样，类型丰富，多姿多彩。云南省有25个民族，其大理的白族民居接受了中原民居的一些建筑技艺。他们那种“三坊一照壁”“四合五天井”的平面布局，明显可以看出富有中原民居的遗风流韵。当然，它的民族性和地域性又因白族民居以其屋顶与照壁轮廓的轻柔曲线及外檐装修而显得纤巧富丽，与中原的严谨、厚重的风格不同。

傣族栏杆式的竹楼，下层架空可隔湿气，楼板的空隙使居住层较高的湿度传到底下，让穿过架空层的凉风带走。二楼才是居住之所。楼居有利于抵御水灾及野兽蛇虫的危害，干燥舒适，适应亚热带潮湿多雨的气候。

四合木楞房，是泸沽湖畔摩梭人的民居，由正房、经堂、门楼和畜圈组成。正房是全家活动的中心，又是主管家事的老妇人和幼童的住所，因而称为“祖母房”。正房堂屋有两根柱，右边是女柱，左边是男柱。经堂是僧家喇嘛诵经拜佛和休息之处，门楼上分隔为三四间卧室，是成年女性的睡房，也是留住“阿注”（朋友、男女伴侣）的居室。摩梭人仍处于母系社会，男不娶，女不嫁，孩子只识母亲和舅舅。

蒙古包作为蒙古族的民居，受到旅游者的钟爱。圆顶帐篷本是由传统的兽皮或毯子制作，现在可用塑料布取代，盖在蒙古包顶，而且，它们不仅出现在“天苍苍、野茫茫”的大草原上，还出现在其他的旅游景点，甚至被旅游经营者作为帐篷租给旅游者使用。

名人故居，在民居中的文物价值尤其大，因而往往成为旅游吸引物。法国大作家巴尔扎克说过：“一个能思想的人，才真是一个力量无边的人。帝王统治人民不过一朝一代而已；艺术家的影响却能绵延至整整几个世纪。”当然，沧海桑田，明朝以前的名人故居大多已不复存在，后建纪念馆，如四川江油市郊有李白纪念馆。苏东坡故居和郭沫若故居亦给他们的故乡眉山市、乐山市增加了不少旅游者。此外，山东淄川有蒲松龄故居，广东梅州市有黄遵宪故居人境庐，南海有康有为故居，新会有梁启超故居，北京、上海有鲁迅故居等。

功在千秋的政治家、英雄人物的故居往往成为人们追思他们功德的场所，成为旅游吸引物，如毛泽东韶山故居、邓小平广安故居、宋庆龄北京故居、福州林则徐故居等。城乡建设在规划建设蓝图和施工过程中，应对名人故居采取避让保护的原则和办法。

（4）古典园林。

中国是世界造园的发祥地之一。中国园林历史悠久，独树一帜，崇尚自然，自成一体，影响深远。中国园林大都是文人、画家和工匠结合的产物，其布局以不对称为根本原则，故厅、堂、亭、榭与山、石、树、池融为一体，成为自然山水风景园林。中国园林可分为皇家园林、私家园林和寺观园林三大类型。

皇家园林中具代表性的是承德的避暑山庄和北京的颐和园。

私家园林中，苏州园林为文人写意山水园林，是江南私家园林的代表作。如苏州的沧浪亭、狮子林、拙政园、留园分别表现了宋、元、明、清不同时代的艺术风格。“中国古典园林精华荟萃于江南，重点则在苏州，大小园墅数量之多，艺术造诣之精，为今天世界上任何地区所少见。”扬州的私家园林也不容忽视。从历史上看，在中国园林历史发展长河中，扬州园林曾在明代、清初相当兴盛，乾隆盛世，“扬州园林甲天下”。至今，扬州的个园、何园（寄啸山庄）于 1988 年被国务院审定公布为第三批全国重点文物保护单位。扬州园林以其精湛的造园技巧、浓郁的诗情画意和工细雅致的艺术格调，成为中国古典园林的重要组成部分。岭南私家园林的代表作则是广东番禺的余荫山房、佛山的梁园、东莞的可园、顺德的清晖园。此外，被国家旅游局列为重点开放的园林还有苏州的网师园和环秀山庄、无锡的寄畅园、北京的恭王府、上海的豫园、拉萨的罗布林卡。

观光古典园林是一种高尚的艺术享受。著名园林专家陈从周教授指出：“我国名胜也好，园林也好，为什么能这样吸引无数中外游人，百看不厌呢？风景绚美，固然是重要原因，但还有个重要因素，即其中有文化、有历史。”

（5）古陵墓。

据国家旅游局公布的信息，向国内外游客开放的古陵墓有：河南省淮阳区太昊陵，河北省满城区中山靖王墓，湖南省炎陵县炎帝陵，陕西省黄陵县黄帝陵，陕西省临潼区秦始皇陵，陕西省兴平市汉武帝茂陵、大将军霍去病墓、杨贵妃墓，陕西省礼泉县唐太宗昭陵，陕西省乾县唐高宗乾陵、武则天陵，四川省成都市王建墓，江苏省南京市南朝陵墓石刻、明孝陵、中山陵，河南省巩义市宋真宗永定陵、宋仁宗永昭陵，宁夏回族自治区银川西夏王陵，内蒙古自治区成吉思汗陵，广东省广州市南越王墓、黄花岗 72 烈士墓，北京市昌平区明十三陵，湖北省钟祥市显陵（明嘉靖帝之生父墓），广西壮族自治区桂林市明靖江王墓，河北省遵化市清东陵，河北省易县清西陵，山东省曲阜市孔林，山东省邹城孟林。

还有一些民间家喻户晓的历史人物的墓葬，也是很有吸引力的，如安徽合肥市的包公墓，浙江宁波市的梁祝墓等。

2．现代社会文明

（1）民俗风情。

我国是一个东方古国，又是一个多民族国家。从国情出发，我国将山水风光旅游、文物古迹旅游和民俗风情旅游作为自己的三大系列产品，开发出来推向国际市场。在这三项旅游中，民族民俗旅游资源取之不尽，用之不竭。各地、各民族根据自身特点开展丰富多彩的民俗活动，以形成我国的旅游特色。

① 建立各种类型的民俗博物馆，如山西省的丁村民俗博物馆。

② 开展丰富多彩的民族民俗文化活动，如贵州省东南地区的访问苗村苗寨活动；云南省西双版纳泼水节活动；四川省凉山彝族火把节活动（1994年在凉山彝族自治州首府西昌市还举行了颇具规模的凉山首届国际火把节）；新疆维吾尔族的古尔邦节；藏族的浴佛节、雪顿节；蒙古族的那达慕大会；云南白族的三月节、苗族的芦笙节。

汉族的节日更加丰富多彩，如元宵灯会、清明踏青、端午龙舟、中秋赏月、重阳登高、春节花市花会等。

汉族人口众多，居住地域辽阔。“千里不同风，百里不同俗”，各地也举办着不同民俗旅游。如山东省潍坊市是一个比较缺乏旅游资源的城市，但该市从1984年开发了当地的民俗工艺品——风筝，并举办国际风筝节，一举获得成功，其后每年举办；江苏无锡市华西村开展了江南水乡民俗旅游；山东省安丘市开展带有中国北方特色的民俗旅游；苏州寒山寺接待日本人听新年钟声。

③ 在缺乏旅游资源的城市建立民俗村。深圳市1991年建立的“中国民俗文化村”是一个成功的典型。为了更好地反映我国各民族的优秀文化，该民俗村除了逼真地再现了民族地区的建筑和民居外，还设计了民俗生活表演、工艺制作表演、民间绝技表演、民族风味小吃、村寨歌舞表演、俄罗斯舞蹈团的演出和晚上的艺术大游行等，都力图从多角度、多层次来表现各民族人民的生产、生活和文化活动。因此，该民俗文化村成了一座露天的流动的民俗文化博物馆。主办“中国民俗文化村”的锦绣中华发展有限公司先后成立了民族实验歌舞团、民族服饰表演团、中国民俗文化村土

风歌舞团、编钟乐团、民俗歌舞团，以其鲜明的民族特色，既在旅游文化层面上满足了人们对于各民族文化的了解和认识，又以具有观赏性的艺术节目满足了游客的审美需求。

被专家学者肯定且获得广大旅游者认同的，还有无锡市的吴文化公园、昆明市郊云南民族村。

（2）主题公园。

旅游资源分布不均衡，必然不能完全满足人们日益增长的旅游需求。于是主题公园应需而生。它用各种生动的表现形式融汇深刻的文化内涵，精心设计和建造，给人以新鲜感，具备吸引力。

美国迪斯尼游乐园是主题公园成功的例子。迪斯尼游乐园致力于人性和童话的完美结合，自然与建筑的和谐融洽，现实与幻想的不懈追求，体现了美国的精神文化。继佛罗里达州迪斯尼世界之后，迪斯尼公司又计划在华盛顿市郊建造占地 667 公顷以上、以美国历史为主题的游乐场，并受到当地居民的欢迎。

新加坡是面积很小的岛国，那里的华裔却花费巨资，占用寸土寸金的大片土地兴建了唐城主题公园。当旅游者仰视 30 层高的衡阳石塔，端坐在大明宫里与 1 500 人举杯同贺时，不能不佩服新加坡人的大气魄和超前意识。

我国也不乏主题公园的成功实例。深圳“锦绣中华”是我国于 1989 年建造的首座主题公园。截至 2019 年 11 月，共接待国内外游客 7 000 万人次。1994 年建造的“世界之窗”也获得了巨大成功。迪斯尼总裁把“世界之窗”与迪斯尼乐园相提并论。主题公园创造了深圳旅游的奇迹，也促进了深圳金融业和贸易业的发展。1998 年底，“世界之窗”被国家旅游局优秀旅游城市检查团誉为具有世界一流水平的景区。

主题公园具有新创造、大规模、大园林的本质属性，也具有人类回归自然、追求科技和文明进步的时代性主题的丰富内涵，但必须突出个性，追求卓越，不断创新，方能受到广大旅游者的欢迎。如果盲目仿效，雷同抄袭，粗制滥造，只追求短期效益，短命甚至夭折是不可避免的。

（3）高层建筑。

旅游实践证明，高层建筑也吸引了相当数量的游客。美国纽约 102 层的帝国大厦，位于市中心，每年吸引 200 万人次左右的游客登临远眺。美国芝加哥高达 443 米、113 层的希尔斯大厦，同样吸引了众多的游人。

上海东方明珠电视塔是上海市的标志性建筑。自 1994 年 11 月试营业以来，已接待了 850 万人次的游客，1998 年的游客量为 220 万人次。抽样调查显示，56% 为外地游客，38% 为本地游客，6% 为外国游客，各年的比例大致相同。高层建筑作为旅游吸引物大有可为。

三、旅游资源的开发

旅游资源开发之后，能带来一种纯经济盈余，即旅游资源所带来的旅游业收入在扣除开发和经营所需要的费用之后剩余的纯收益。因此，要发展旅游业，满足旅游目的地人民日益增长的物质文化需要，开发适宜的有吸引力的旅游资源,不失为推动旅游目的地社会经济发展的一项重大策略。

（一）旅游资源的开发原则

为了使上述目的得以实现,旅游资源的开发和建设必须遵循以下原则。

1. 独特性原则

俗话说："物以稀为贵。"千篇一律，相似雷同，会缺乏魅力，无法引起人的兴趣。因而开发旅游资源，首先要选择那些具有垄断性的、不可替代的、与众不同的旅游资源，才具有最大的持续的吸引力。这也是八达岭长城和西安的兵马俑之所以能吸引那么多游人和国家元首、政府首脑去参观的原因。

突出独特性原则，应努力做到：

（1）"充分保留自然景观和历史发展形成的原始风貌""清水出芙蓉，天然去雕饰"的做法往往更能保持旅游资源本身固有的特征。

（2）突出"人无我有，人有我最"。最大、最高、最多、最奇特的旅游资源，往往先声夺人，吸引力极大。比如大佛不少，而"乐山大佛"为中国之最、世界之最，乐山市吸引了众多游客，并由此而开发出一系列新的旅游吸引物。

（3）突出当地的民族风情和浓郁的地方风格，使游客真正感受到一种异国他乡的猎奇感，体验到与众不同的独特性，开发后的旅游资源生命周期就会更长。如云南昆明素有“春城”之美誉，为使锦上添花，该市斥巨资建了昆明世界园艺博览会，步入展区，仿佛置身于鲜花的海洋、绿色的世界、艺术的殿堂。

2．市场原则和经济原则

开发旅游资源不可盲目上马，一定要进行可行性论证，依据旅游者的需求及其变化情况以及周边旅游吸引物的分布系统进行调研，对开发结果做出正确评估。其经济效益大小，效益的持续性究竟如何，都应有可靠的论证。力求在开发建设中投入较少，产出较多，以获取较高的经济效益。在社会主义市场经济条件下，市场原则和经济原则应该是协调一致的，应联系起来考虑。

旅游资源的开发必须服从当地经济发展的总体规划。目前已经有一些地方的人造旅游景点重复建设，对游客实际需要评估失误，结果门庭冷落。这是违反了市场原则和经济原则导致的恶果，必须引以为戒。由此可见，即使在国家或地方决定发展旅游业的前提下，也宜根据现有的经济实力和项目投资效益预测，分期分批次地展开，滚动发展，不能不分先后“大上快上”，以致花开无果，劳民伤财。

3．整体和谐原则

合理布局是旅游资源开发的基石。合理之外，还要注重整体建设的和谐，使审美对象各个组成部分既多样又协调。它的基本内涵是平衡、对称、相互衬托和呼应，色彩调和与悦目。和谐的整体能使人在宁静的心境中获取美的享受，这也是旅游活动的基本功能之一。

一般来说，自然景观天然具备和谐的特色，不和谐往往是人工造景时的生硬设计和施工强加的。因此，成功的建筑，应使人感到它是从周围的自然环境中生长出来的。

4．保护原则

保护原则要求开发建设不破坏当地的生态平衡，并且与自然环境相适应，尽量避免环境污染和建设性破坏，把所属地区建设得更加美好。须知很多资源极其宝贵，具有不可再生性，一旦破坏毁弃，人类将感到无限遗憾。对于旅游资源的保护，下面有专节论述。

5．综合开发原则

综合开发有多种含义。对一个旅游目的地而言，它可能存在着各种不同类型的旅游资源。综合开发就是要突出重点、突出特色，而又不失时机地逐步开发其他类型的旅游资源，使它形成一个和谐的统一体，相衬相托而益彰其特色。

综合开发的另一含义，就是要做好各方面的建设，保证从行、住、食、游、购、娱等有关方面满足旅游者的需要。各种旅游设施之间要保持合理的适当的比例，与旅游者的流量相称。

首先，要在交通上做好先行工作。要使旅游者“进得来，出得去，散得开”,否则旅游目的地的旅游资源就不能充分发挥作用而取得良好的经济效益。其次，旅游的基础设施要尽快建设完善，使旅游者在旅游过程中感到方便自如。当然，也要提高旅游业的管理人员和服务人员的素质，使之能够提供优良的管理和优质的服务。

6．安全原则

近几年，由于对旅游设施和某些高危害场所未充分重视安全问题，时有死伤事故发生。比如，高飞的气球失事，游客摔死摔伤，游戏机发生故障的事件也屡见不鲜。血的教训警示我们，在开发旅游资源和安装旅游设施的过程中，必须贯彻安全第一的原则，不能马虎。

（二）旅游点的生命周期和再生性开发

不但潜在的旅游资源需要开发，即使是现实的旅游资源，也需要根据具体情况进行再生性开发。

再生性开发的目的是改进旅游资源的质量并提高它们的吸引力，特别是那些已为旅游业长期利用的现实旅游资源，更需要通过再生性开发来使该项旅游资源的“老面孔”焕发新姿，增加吸引游客的魅力。

现实旅游资源作为旅游产品的一个重要组成部分，也同任何工业产品一样，有其自己的生命周期。生命周期一般分为初创期、发展期、成熟期、衰退期几个阶段。经过开发，一个以某种旅游吸引物为核心的旅游点建成之后，也会经历一个由兴而衰的演变过程。这个从初创到兴盛，又由兴盛到衰落，最后无人问津的发展过程，就是这个旅游点的生命周期。

这种情况，在唐代的长安、北宋的东京都发生过。

再举一个因再生性开发而延续了旅游资源的生命周期的典型例子，这就是北京的八达岭长城。

八达岭长城是世界历史上最辉煌的古建筑之一。秦始皇曾东临碣石，回程即从八达岭取道大同，驾返咸阳。辽国萧太后、元世祖入关，元代皇帝每年两次往返北京和上都（内蒙古多伦）之间，明朝皇帝北伐，清朝天子亲征，八达岭都是必经之地。但清代乾隆之后，八达岭长城因失去实际军事防御作用，再加上年久失修，已日渐荒废。关城西边“北门钥匙”的城台已残毁过半，东边“居庸外镇”的城墩摇摇欲坠，长城城墙的墙身、垛口、墙台、敌楼都呈颓败之象，有的已经崩塌。新中国成立后，时任副总理兼文化教育委员会主席的历史学家郭沫若提议修复八达岭长城，获政府同意，八达岭长城得以展露新姿，接待国内外游人。

八达岭长城的构筑技术具有较高的水平，大跨度的关城石拱门，至今仍是公路的通道；高耸山岭峰脊的敌楼，形制多种多样，至今仍具雄姿；坚固的大城砖、精美的砖雕石刻，都表现出明代工匠的高超技艺。因此，人们都众口一词“八达岭乃万里长城之精华”。1961 年，国务院确定八达岭长城和城墙为全国重点文物保护单位。1984 年，在邓小平“爱我中华，修我长城”的倡议下，先后修复敌楼 19 座、城墙 3 741 米，使游览总面积达到 1.9 万平方米。1987 年，联合国接受万里长城为“世界文化遗产”，并于 1991 年颁发证书。1991 年 12 月，八达岭长城在 94 个候选景点中，以绝对多数票成为“中国旅游胜地 40 佳”之首。八达岭长城正因为多次再生性开发才能以古老而又年轻的雄姿出现，迎接慕名而至的全球游客。

导致旅游点生命周期发生变化的根本原因是它的吸引力的衰退。而游客的兴趣发生转移等原因也不可忽视。开发后的旅游点以其新鲜奇异，适应了当时旅游者的需求，导致旅游者逐渐增加。任何事物都在演变，随着岁月的推移，会出现一些新的情况。就旅游点本身而言，可能会出现环境污染，也可能会因服务质量下降导致游客不满，甚至会发生天灾人祸等。

就游客方面而言，因时尚潮流的变化，发生兴趣转移也不足为奇。需求方面的变化，最终会导致该项旅游资源吸引力的衰减。

再生性开发还有其他形式。对整个景点进行再包装改造便是其中之一。如广州东方乐园在机械游乐园已失去市场的情况下，引入电影主题和更换娱乐节目，使游客又有较大的增长。

扩大景区，拓展活动空间。如颇有名气的灵隐寺景区，其内部有全国重点文物飞来峰石刻造像，有省重点文物保护单位灵隐寺，还有被誉为“天竺佛国”的天竺三寺等。这里自古以来就是全国乃至东南亚著名的佛教观光胜地，有关主管部门决定扩大景区，将以佛教文化和石刻艺术为主景，以超凡脱俗的树林幽溪为依托，增加游憩内容，完善旅游设施。景区面积将由目前的 16 公顷扩至 226 公顷，从而使新的灵隐寺景区既保持佛教圣地的传统风格，又融入现代旅游气息，成为集佛教文化、民俗活动、观光、休闲娱乐为一体的观光旅游区。

（三）对拟开发的旅游资源进行评价

评价的目的是要分析有无开发的价值，有多大的开发价值，从而决定客源的数量和开发的规模。通常人们在对某项潜在的旅游资源进行评价时，有三种标准。

（1）对旅游资源，特别是自然风景资源进行美学评价。一般来说，对某项旅游资源进行美学评价以评定其质量的高低，有利于旅游宣传。若评审者是知名的学者专家或者国内外知名的权威机构，则此一评价更具分量和说服力。比如我国的九寨沟、黄山、武陵源登上“世界自然遗产”的金榜，无疑会大大增加其知名度和吸引人的魅力，这里的“自然遗产”是指突出的自然、生态和地理结构以及具有科学、保存或美学价值的地区。

但是，这种评价方法难免受到评审者的主观影响。由于各人的审美观不同，评价结果不一定会获得所有人的认同。评审者认为美感质量很高的某项旅游资源，可能被来自其他地区或另一些国家的旅游者认为不怎么样。正所谓“各花人各眼”，更何况东方和西方的美学标准有所不同。因此，单纯凭美学标准来评价旅游资源是不够的，或者说是不全面的。

（2）采用社会标准和历史标准对拟开发的旅游资源进行评价。所谓社会标准，是指该项旅游资源能否表现现时社会发展水平和文化特色；所谓历史标准，则着重于该项旅游资源能否反映过去某个时期的历史、文化风貌。用这两种标准对拟开发的旅游资源进行评价，尽管可能发生意见分歧，但总的评价是比较客观的。例如我国 12 年来，共提交 30 个申报项目给 1976 年成立的联合国世界遗产委员会，评价结果有 27 处入选，除前述 3 个“自然遗产”外，泰山、黄山、峨眉山、乐山大佛风景区成为“文化和自然双重遗产”，而 17 处“文化遗产”则包括布达拉宫、庐山风景名胜区、苏州园林和丽江古城、颐和园、明清故宫、天坛、平遥古城、曲阜孔庙、承德避暑山庄等。

例如在浙江宁波市鄞州区东钱湖，1993 年发现了南宋墓道石刻。此墓道的主人是南宋时代“一门三丞相，四世两封王”显赫的史氏家族：当宰相的是宋孝宗的右丞相兼枢密院史浩；史浩的第三子史弥远两朝为相，专权 26 年；第三个丞相是史浩的族侄史嵩之。史浩、史弥远死后被追封为越王和卫王。他们墓道的各种石刻经浙江省的有关专家鉴定，认为填补了中国美术史、中国雕刻史上的一段空白。这一南宋墓道石刻提供给我们的，不仅仅是当时墓葬规制、冠服、美术、雕刻水平和艺术风格、文化的传承关系、发展脉络等方面的信息，而且是研究当时政治、经济发展状况的形象的记录。历经 800 多年沧桑，南宋墓道石刻是一部留存在祖国大地上的可视可感可触的“石制史书”，从这里可以看到南宋时代人民的聪明智慧。

（3）以市场为标准对拟开发的旅游资源进行评价。这种评价着重开发后该项旅游资源对客源市场的吸引力和经济受益的多寡。而且，由于这种评价方法中较多使用量化标准，进行定量分析，能较好地体现出开发中的市场观念。

可能会有人认为这种评价方法不只是对某项旅游资源本身进行评价，更包括对该项旅游资源的投资损益评价。但是，这种评价方法在实行社会主义市场经济的今天，却不失为一种科学性和实用性较强的评价标准和方法。因为它不仅涉及前述两种方法，而且体现了开发工作中必不可少的经济观念和市场观念，应当成为对拟开发旅游资源进行评价的基本标准和方法。目前新旅游景点的开发投资，日益显示出国家和地方政府投资的新趋势，即走向企业化、私人化、国际化，而影响新投资行为的重要因素就是投资回报率。评价当然不是无目的的，而是为了进行项目开发的可行性研究。这种研究由资源专业人士来进行，通常包括如下内容：一是开发商的实力和资格；二是分析和预测客源市场，包括对竞争对手的评估；三是对开发项目所在地的经济条件、基础设施状况、社会民俗以及开发后的社会经济损益进行多方面分析。

此种方法若运用得当，有助于避免投资失误，减少开发不当的错误。实践证明，一些新开发景点，特别是主题公园的失败，乃未能运用此种评价方法所致。

四、旅游资源的保护

旅游资源的保护是一个世界性的课题。随着我国旅游业的发展，国际旅游和国内旅游日益发达兴旺，我国亦同样面临这一问题。我们应该自觉贯彻环境保护的基本国策，坚决地、持续地保护旅游资源不受破坏，使其永续利用，确保传诸后世。

旅游资源的破坏大体上有两种：一是自然界的破坏，如地震、滑坡、泥石流、火山喷发、天火、风灾、水灾，较轻微的如日晒、雨淋、风蚀、虫蛀、鼠害、水浸等；二是人为破坏，如盗窃、刻画、涂抹、兵火、占用、乱垦乱填乱建、非科学性的修缮，最可怕的是无知的暴力破坏，如 1966 年西湖岳飞墓在几个钟头之内毁坏，广州的光孝寺、六榕寺、海幢寺、肇庆鼎湖山庆云寺的佛、菩萨被破坏无遗。全国类似的暴力破坏行为更是举不胜举。盗窃造成的损坏也是令人发指的：龙门石窟的 97 306 个佛雕，大者高 1.68 米，小者仅 2.54 厘米，表现了公元 494 年以后历朝的艺术、服饰和信仰，大量流失海外，保护不善，导致某些古建筑濒于毁灭。陕西省扶风县法门寺是全国闻名的古迹，寺内一座高 49 米、8 棱 13 级的宝塔为明代万历年间重修，现因缺乏维修，1981 年塔身三分之二已崩塌；广州“萝岗香雪”的点睛景物萝峰寺荒凉破败，等等。

目前，世界各国对保护旅游资源非常重视，许多国家都立法或颁布法规、条例，建立专门机构，调拨大批专款。埃及政府为了使金字塔区恢复原有庄严、古朴的风貌，1982 年把建在开罗郊区吉萨金字塔古迹区的 400

多座现代建筑（包括总统郊外官邸在内）通通拆除。意大利政府为了防止比萨斜塔倒塌，成立了专家保护委员会，并调拨大笔专款作为整修加固之用。1994 年 11 月，78 个国家、18 个地区的旅游部长在日本大阪开会通过的《大阪旅游宣言》强调指出：“妥善保护的自然环境和文化遗产是旅游业的无价资源……如果旅游业和旅游者共同负起保护自然环境和文化遗产的责任，我们就可能在保护其价值的同时，将其作为旅游资源加以利用。”

（一）运用法律、行政、经济和技术手段，保护旅游资源

我国政府历来重视旅游资源的保护，尤其是近几年在运用法律、行政、经济和技术手段方面做了许多工作。

早在 1950 年，当时的政务院颁布了《古迹、珍贵文物、图书及稀有生物保护办法》；1951 年，又颁布了《关于地方文物名胜古迹的保护办法》，从中央到地方都建立了相应的文物保护机关。1961 年，国务院又制定了《文物保护管理暂行条例》，同时公布了第一批全国重点文物保护单位。

改革开放之后，随着旅游业的发展，我国于 1982 年颁布了《中华人民共和国文物保护法》，中央和各级地方政府都成立了环境保护部门。与旅游资源的保护相关的法律、规章还有森林法、环境保护法、野生动物保护法等。这些法律、条例、规章都明文规定对危害和破坏旅游资源的单位及个人给予惩处，对造成严重破坏者，要追究有关人员的法律责任。但目前仍存在的问题是有法不依，执法不严，惩处的力度不足，以致文物古迹受到破坏之事仍时有发生，不少风景区受到污染之事仍时有所闻。

作为文明古国，我们的人民有保护家乡资源的优良传统。孟轲早在 2 000 余年前，就提出“不违农时”“斧斤以时入山林”，以保证农作物自然生长，不乱砍伐森林等保护生态平衡的思想。历代帝王中，也有远见卓识者，通过当时行之有效的手段来保护名山大川、宗教圣地、古树名木。

在农村的许多地方，也有当地的父老乡亲共同制订的乡规民约，明确规定禁止打鸟、破坏林木，禁止捕杀有益的动物等。这些都是优良的民族传统，应继续保持和发扬。

（二）一些旅游城市取得阶段性成果

大量的实践证明，只要树立起明确的保护旅游资源的意识和观念，旅游资源的保护就能取得良好的成绩。且不说外国的典型事例，就在我国也有成功的例子。

杭州市西湖过去沿湖近 30 个单位每天排入污水 3 000 多吨，导致西湖水质下降，1976 年 4 月还曾发生过大面积鱼虾死亡的情况。杭州市领导机关先后开展了疏浚、引水、修筑污水管等多项工程，治理西湖；并接受专家建议，引进钱塘江水作为补充水源，使西湖一天可得活水 10 万吨，还打开了已关闭多年的涌金门水闸，使湖水有进有出，成为流动的活水，目前情况已大大好转。20 世纪 90 年代后半期，杭州市根据当前越来越高的环保要求，实施了“碧水工程”“蓝天工程”“绿色工程”，澄碧水、护蓝天、添绿色，决心把杭州建成全国环保模范城市。

桂林市一度污染严重，以致一位德国游客忍不住写信给邓小平呼吁“拯救桂林”，其后广西壮族自治区和桂林市认真对待此事，清理了南溪河、小东江和漓江，几十间污染严重的工厂或车间都先后改产或停产，全市大部分工厂的烟囱都安装了消除烟尘的设备，并陆续修建了污水处理厂，逐步使漓江和榕杉二湖的污染问题得到更大的改善，大规模的绿化造林使全市的森林覆盖率比 70 年代增加了一倍。从 1996 年起，桂林市在漓江两岸育林、种植绿化带和经济林，共种植了 1 260 万株树，绿化面积达 2 万公顷。现在游客游漓江，已能看到大批鹰隼等候鸟从北往南迁移。国家一、二级重点保护的鸟类动物如白颈长尾鹊、白鹤、金鸡等也常能看到。这说明，只要全民重视，一切遭受污染损坏的风景名胜区，都是可以恢复魅力的。

广州市的白云山坐落在广州东北郊，方圆 28 平方千米，在其 30 多个山峰中，最高的是摩星岭，高 382 米。白云山是广州著名的风景区，且峰峦秀丽，林木茂密，空气新鲜，被称为“市肺”，对广州市的空气起着“过滤”调节的作用。但近几年来，随着广州市向现代国际大都会迈进速度的加快，广州的环境污染再次亮起“红灯”。机动车增加至 50 多万辆，车尾大量排放的废气，再加上全市 3 000 多个工地扬尘，导致市区氮氧化物和铅浓度持续上升，已超过国家二级标准。而作为“市肺”的白云山，土地被蚕食，林木被砍伐，绿地减少，违章乱建房屋等，使“市肺”的作用削弱，旅游资源亦受到破坏。在如此严峻的形势下，人民大声疾呼，市政府痛下决心，综合治理白云山。从 1995 年 4 月起开展一系列整顿，一些单位自动拆毁了违章建筑，撤出了风景区，乱砍滥伐者受到了相应的惩处。接着有关单位除参考历史资料，按照原来的风格恢复一些景点外，还成功地将登山索道下的云台岭建成了 8 万多平方米的大花园，对五雷岭残次林和索道公路沿线的林木进行改造，扩大绿化面积 115 万平方米，并广种鲜花。近年来，市政府还大抓绿化建设，目前全市人均绿化面积已超过 6 平方米，略高于全国标准。珠江两岸正在进行整治，南岸要全面恢复绿化带，江湾新城至海印桥一带要开拓出沿江 90 米的绿化休闲带，海印桥至华南大桥段，从景观上要将两岸绿化美化起来，建设海心沙公园等。

此外，许多风景区都已把控制环境污染提到重要议事日程上来，国家采取强硬措施保证污染的治理。

旅游资源的保护不可能一劳永逸。各旅游城市和风景区的保护远远未达到人民所要求的程度和水平。从长远说，旅游资源的保护、生态环境保护都必须常抓不懈，持续进行，任重而道远。

任务三　旅游业

思考

什么是产业？

旅游业是一个产业吗？

如果旅游业是一个产业，其由哪些企业组成？

一、产业及旅游产业

（一）产业的定义

产业是具有某种同类属性的企业经济活动的集合。产业由若干单个的经营企业组合而成，这些企业必须从事相同的基本活动（生产并销售同类产品，即企业间产品存在替代关系）。其特点是：收入来自这些经济单元；

经营活动是合法的；具有统计意义上明显的规模。

旅游不被看成一项产业的原因有：

（1）旅游业的组成部分并不生产同类产品，有些企业间产品不具替代性，而表现为互补性。

（2）目前大多数国家的标准产业分类体系中没有单列旅游业。

（3）大多数从事旅游经营活动的企业可以在传统产业分类体系中找到归属。

（二）我国国民经济行业分类（见表 3-3）

表 3-3　我国国民经济行业分类

A	农、林、牧、渔业	K	房地产业
B	采矿业	L	租赁和商务服务业
C	制造业	M	科学研究、技术服务和地质勘查业
D	电力、燃气及水的生产和供应业	N	水利、环境和公共设施管理业
E	建筑业	O	居民服务和其他服务业
F	交通运输、仓储和邮政业	P	教育
G	信息传输、计算机服务和软件业	Q	卫生、社会保障和社会福利业
H	批发和零售业	R	文化、体育和娱乐业
I	住宿和餐饮业	S	公共管理与社会组织
J	金融业	T	国际组织

二、旅游业的构成和特征

（一）旅游业的构成

1．“三大支柱说”

出于分析旅游业收入构成的目的，参考《国际产业划分标准》，将旅行社、旅游交通和住宿业确定为旅游业的主要收入来源，因此称其为旅游业的三大支柱。

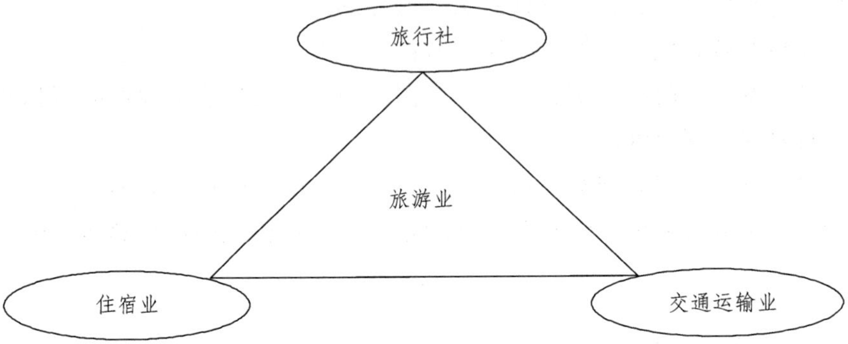

图 3-2　旅游业的“三大支柱”

2.“五大部门说”

从国家或地区旅游业发展，特别是旅游地营销的角度看，认为除原有的“三大支柱”外，旅游业还应包括游览场所经营部门和各级旅游管理组织（虽不是经营性部门，但对其他四个部门的经营活动有重要的支持作用，大多肩负着对外营销的职能）。

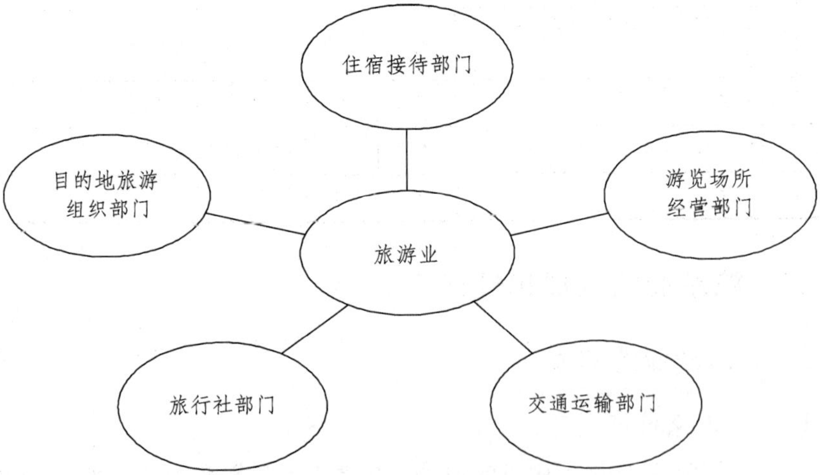

图 3-3　旅游业的“五大部门”

3．广义的旅游业

凡为旅游者的旅游活动提供产品和服务的各类企业都是旅游业的组成部分。

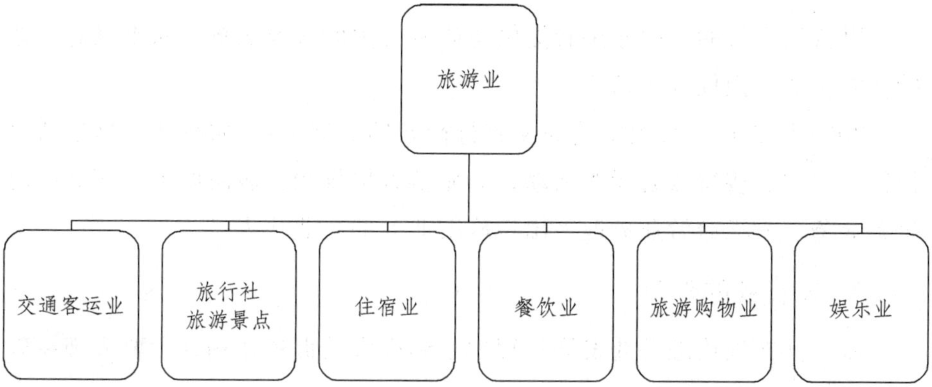

图 3-4　旅游业的“六大要素”

（二）对旅游业构成较为全面的看法

根据各行业与旅游者关联度的不同，可将旅游产业的行业群体分为以下三大类。

（1）旅游核心行业。专门或主要为旅游者提供旅游产品和服务的行业，这些行业同旅游者的关联度最大，以旅游者为主要服务对象，满足他们最基本最直接的旅游需求，依赖旅游者而存在和发展，其发展水平准确和直接地反映出一国或一地区旅游产业的发展状况和所处阶段，可以称它们为“狭义旅游业”。

（2）旅游依托行业。既为旅游者又为其他社会公众提供产品和劳务的行业，如餐饮业、娱乐业、商业等。

（3）支持旅游发展的各种旅游组织。虽然它们不是以直接营利为目的的企业，与旅游者的直接关联度小，但在引导和规范旅游业发展方面起着重要的支持和干预作用，是旅游业构成的重要部分。

三、旅行社

（一）我国旅行社的性质和作用

1．旅行社的性质

以营利为目的，向旅游者提供与旅游有关的各类服务，从事双向经营的旅游企业，担任双层角色。

2009 年 5 月 1 日起实施的《旅行社条例》规定："旅行社，是指从事招徕、组织、接待旅游者等活动，为旅游者提供相关旅游服务，开展国内旅游业务、入境旅游业务或者出境旅游业务的企业法人。"

2．旅行社的作用

旅行社在现代旅游业发展过程中起到很大的促进作用，主要表现在以下方面。

（1）方便旅游者作用（见图 3-5）。

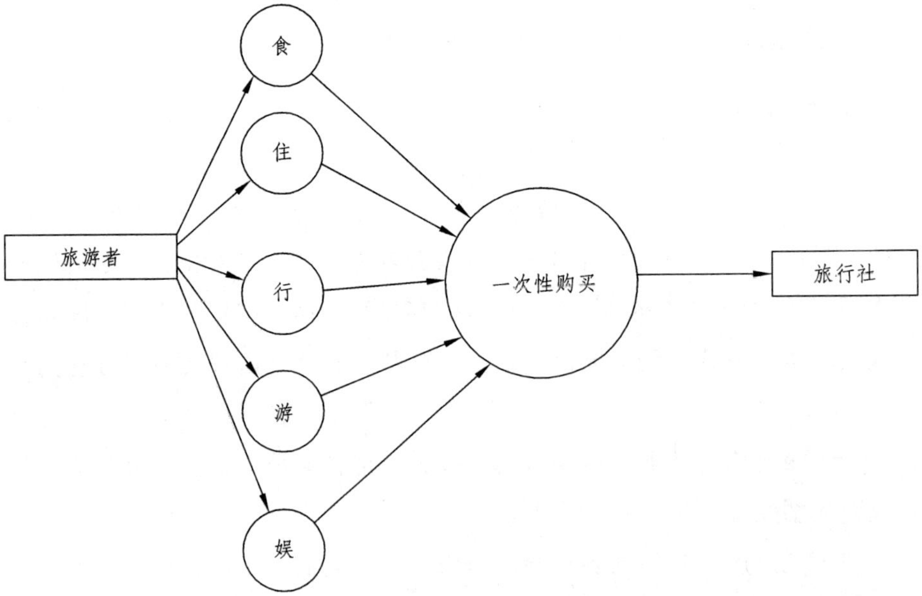

图 3-5　方便旅游者作用示意图

（2）信息传递作用。

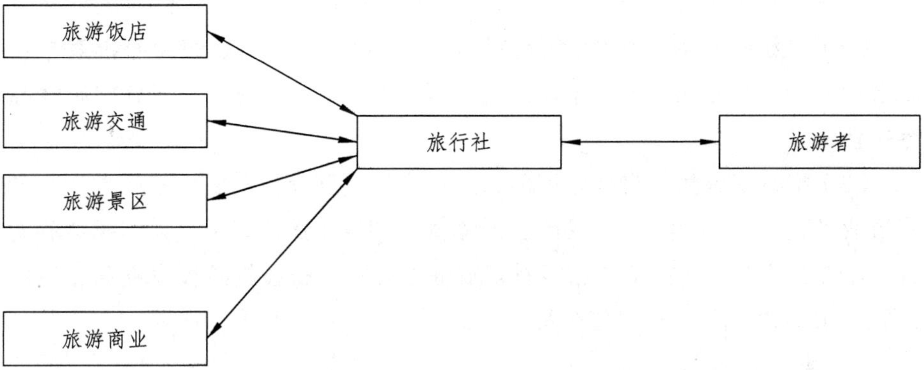

图 3-6　信息传递作用示意图

（3）组织协调作用。

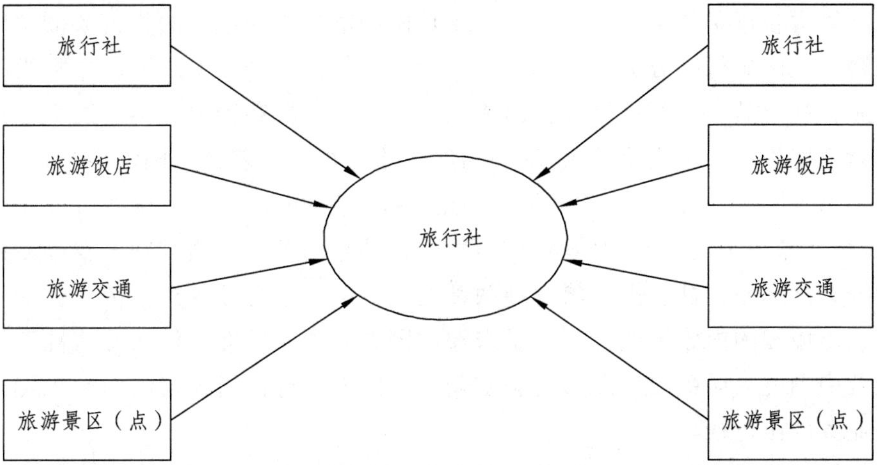

图 3-7　组织协调作用示意图

（二）旅行社的类型

1. 国外旅行社分类

国外旅行社常见的划分法有三分法和二分法。二分法是将旅行社划分为旅游批发商和旅游零售商，忽略旅游批发商与旅游经营商的差别。三分法是按业务范围将旅行社划分为旅游批发商、旅游经营商和旅游零售商。

（1）旅游批发商。旅游批发商是一种从事旅游产品的生产、组织、宣传和推销旅行团业务的旅行社组织，主要从事组织和批发包价旅游业务。

（2）旅游经营商。旅游经营商同旅游批发商一样，以组织及批发包价旅游产品为主要业务，两者的区别在于旅游经营商也兼营一部分旅游产品零售业务。

（3）旅游零售商。旅游零售商，又称旅游代理商，主要从事旅游产品的零售业务，是指直接向个人或社会团体宣传和推销旅游产品，具体招徕旅游者，有的也负责当地接待的旅行社。旅游零售商是联系旅游批发商和旅游经营商与旅游者之间的桥梁与纽带。

2. 我国旅行社分类

我国旅行社的分类大体经历了三个阶段。

第一阶段：1985—1996 年。根据 1985 年 5 月 11 日由国务院发布的《旅行社管理暂行条例》及 1988 年 6 月 1 日由国家旅游局颁发的暂行条例实施细则，我国旅行社分为一类社、二类社和三类社三种类型。一、二类为国际旅行社（其中一类社可经营出境旅游、入境旅游和国内旅游，二类社可经营入境旅游和国内旅游），三类为国内旅行社，只能经营国内旅游。

第二阶段：1996—2009 年。根据 1996 年 10 月 15 日由国务院发布的《旅行社管理条例》及 1996 年 11 月 28 日颁布的条例实施细则，我国旅行社分为国际旅行社和国内旅行社两种类型，国际旅行社的经营范围包括入境、出境和国内旅游业务，但是未经过国家旅游局批准，任何旅行社不得经营中国境内居民出境和边境旅游业务。国内旅行社指经营国内和入境旅游业务的旅行社。

第三阶段：2009 年取消旅行社分类。根据 2009 年 2 月 20 日国务院发布的《旅行社条例》和 2009 年 4 月 2 日国家旅游局审议通过的《旅行社条例实施细则》（自 2009 年 5 月 1 日起施行），同时废除 1996 年颁布的《旅行社管理条例》。该条例对我国旅行社的类别和经营范围进行了重新划分，明确自旅行社在取得经营许可之日起，可以经营国内和入境旅游业务。旅行社取得经营许可满两年，未因侵害旅游者合法权益受到行政机关罚款以上处罚的，可申请经营出境旅游业务。

3．旅行社经营组织的主要产品

（1）包价旅游。

包价旅游主要适用于团体，通常指参加某次旅游活动的人数在 15 人以上（我国为至少 10 人）。

① 全包价（综合包价）旅游：参加旅游团的旅游者采取一次性预付旅游费用的方式将全部旅游服务委托一家旅行社办理。全包价项目通常包括：来往目的地的长途交通费用；按规定等级提供的饭店客房；一日三餐的餐费和饮料费；市内游览用车费；翻译导游服务费；交通集散地的接送服务；行李服务费；游览场所门票和文娱活动入场券。

② 半包价旅游：在全包价的基础上扣除中、晚餐费用的一种包价形式。

③ 小包价旅游：只包括交通、住宿和早餐等项目。而参观游览景点、导游服务、娱乐节目等，旅游者可自行安排。

④ 零包价旅游：参加这种包价形式的游客只需随团前往和离开旅游目的地，但在目的地的活动完全是自由的，形同散客。其优点在于可以享受团体机票价格的优惠。

（2）散客旅游。

散客包括个人、家庭和 15 人以下（我国为 9 人以下）的自行结伴旅游者。由于散客旅游通常只委托旅行社购买单项旅游产品，即使购买成套旅游产品也是按各个项目分别计费，因而要比团体包价旅游昂贵。但这种旅游方式使游客具有更多自由，随着生活水平的提高以及旅游地接待条件的完备和便利，散客旅游开始迅速兴起。我国旅行社的散客旅游业务主要是各种委托代办业务。

四、住宿业（饭店业）

（一）饭店业发展史

1．客栈时期（19 世纪中叶以前）

规模小、设备简陋，一般仅向旅客提供住宿和安全保障，规模稍大者提供餐饮服务。

2．豪华饭店时期（19 世纪中至 20 世纪初）

新兴资产阶级受封建贵族生活方式的影响，把宫廷的奢华生活转移到社会之中，使豪华饭店取代宫廷成为新贵者的社交场合。此时，饭店主要以享有特权的上流社会人物为接待和服务对象。

3．商业饭店时期（20 世纪初至 20 世纪中）

面对商务旅行的兴盛，设备简陋的客栈和价格高昂的大饭店都无法满足这一新需求，于是以“提供普通民众能付得起费用的一流服务”为宗旨的商业饭店便酝酿而生了。此时，饭店业开始面向以商务旅游者为主的社会大众。

4．新型饭店时期（20 世纪中至今）

这一时期，饭店业的接待对象更加大众化，设施和服务更加多功能化，经营管理的专业化程度不断提高，饭店形式向多样化发展，集团化趋势不断加剧。

现代意义上的饭店并非等同于传统的住宿接待设施，而是一种以提供全方位侍应服务为特点，不断现代化、专业化的商业性综合接待企业。

（二）饭店的作用

（1）饭店是旅游业发展的物质基础。

（2）饭店是旅游业创收的重要基地。

（3）饭店是地区发展和创造就业的重要促进者。

（4）饭店是游客和当地公众社交活动的重要场所。

（三）饭店的类型

1．按接待市场划分

饭店按接待市场划分为商务饭店、度假饭店、公寓饭店、机场饭店、汽车饭店、综合饭店。

2．按饭店规模大小划分

（1）国际划分标准：小型饭店（300 间以下）；中型饭店（300 ~ 600 间）；大型饭店（600 间以上）。

（2）我国的划分标准：小型饭店（200 间以下）；中型饭店（200 ~ 500 间）；大型饭店（500 间以上）。

（四）饭店集团化

饭店集团化是现代饭店发展的一大趋势。它首先表现在，饭店业的集中化程度越来越明显。饭店业的集中化和由此引起的集团化经营趋势是市场竞争的必然产物。

1. 饭店连锁集团

饭店连锁集团是一些饭店为了不断扩大市场，统一于某个集团公司的领导、监督、管理或指导之下，从而形成强有力的竞争实体。饭店连锁集团比独立经营的饭店明显占有以下优势：① 资本优势；② 技术经济优势；③ 市场营销优势；④ 物资采购优势；⑤ 管理方面的优势；⑥ 风险扩散优势。

2. 饭店合作集团

饭店合作集团是若干饭店为了在物资采购、房间预定、人员培训及市场营销等方面采取联合行动而自愿组合建立起来的一种饭店合作组织。其主要类型包括：① 市场营销合作集团；② 物资采购合作集团；③ 人员培训合作集团；④ 预定系统合作组织。

（五）旅游饭店的档次

对饭店进行等级划分，有利于向消费者明示产品档次，方便消费者选择；使饭店向社会做出产品质量保证承诺；明确质量标准和责任范围，便于监督。

各国对饭店等级的划分方式不一，一般分为 3 ~ 5 个等级，分别以字母、数字或“星”“钻”“王冠”等图形作为区别饭店级别的标识。我国采用了五个星级的划分方法。星（☆）越多，说明饭店的档次越高。

五、旅游景区（点）

1. 旅游景区（点）的定义

旅游景点是面向所有大众开放的游览景点或游人参观点。

旅游景区是一个区域，是由一个或一个以上的景点组成的。《旅游景区质量等级的划分与评定》中对旅游景区的定义为：旅游景区是以旅游及其相关活动为主要功能或主要功能之一的空间或地域。本标准中，旅游景区是指具有参观游览、休闲度假、康乐健身等功能，具备相应旅游服务设施并提供相应旅游服务的独立管理区。该管理区应有统一的经营管理机构和明确的地域范围。它包括风景区、文博院馆、寺庙观堂、旅游度假区、自然保护区、主题公园、森林公园、地质公园、游乐园、动物园、植物园及工业、农业、经贸、科教、军事、体育、文化艺术等各类旅游景区。

2. 旅游景区在旅游业中的地位和作用

（1）旅游景区是旅游业发展的基础；

（2）旅游景区是旅游业创收的重要支柱之一；

（3）旅游景区是塑造旅游业形象的窗口。

3. 我国旅游景区的质量等级

（1）AAAAA 级景区；

（2）AAAA 级景区；

（3）AAA 级景区；

（4）AA 级景区；

（5）A 级景区。

六、旅游交通

（一）旅游交通的定义及作用

1. 旅游交通的定义

旅游交通指旅游者利用某种手段和途径，实现从一个地点到达另外一个地点的空间转移过程。

2. 旅游交通的作用

旅游交通的作用是解决旅游者在定居地与旅游目的地之间的往返、从一个目的地到另外一个目的地，以及在一个目的地内的各地区间便利往来的问题。

旅游交通的作用具体表现在：

（1）从需求方面来看，旅游交通是旅游者完成旅游活动的先决条件；

（2）从供给方面来看，旅游交通是发展旅游业的基础；

（3）交通运输业作为旅游业的重要组成部门之一，本身也是旅游收入和旅游创汇的重要来源；

（4）旅游交通促进旅游区点的形成与发展；

（5）旅游交通是重要的旅游方式和旅游项目。

（二）主要的旅行方式

1. 汽　车

汽车旅行包括乘私人汽车和长途公共汽车旅游。之所以把汽车旅行放在首位，原因有两点：一是绝大多数的旅游区点都有公路连接，公路系统的完善使得汽车旅行成为各国尤其是发达国家的主要旅行方式；二是私家汽车的普及，自行驾驶私家车外出旅游已成为西方国家乃至很多国家的近距离旅游的主要方式。

2. 飞　机

航空客运业务的经营主要分为定期航班服务经营和包机服务经营两种。定期航班服务是指在既定的国内或国际航线上按照既定的时间表提供客运服务。包机服务是一种不定期的航空包程服务业务。

3. 火　车

火车曾是人们外出旅行的主要交通工具，乘火车旅游至今仍是我国国内旅游的主要旅行方式。但是从世界范围来看，它在旅游活动中的地位已经大大削弱。

随着人们环境意识的增强及其对可持续发展的关注，很多国家都开始重新重视铁路运输的发展。高速铁路的建设和高速列车的研制成为很多国家关注的重点。如果火车能够解决提高速度、提高服务质量两大问题，就完全可以恢复和保持其在旅游业中的地位。

4. 轮　船

水路客运业务主要可划分为四种：远程定期班轮服务、海上短程渡轮服务、游船服务和内河客运服务。

远洋轮船曾经垄断各大洲之间的旅游运输长达百年之久，然而随着航空业的发展，乘轮船尤其是远程班轮旅行日渐衰落。原因是：速度最慢，线路曲折漫长，安全性不高。当然轮船旅行也有其独特优势，即运载能力最大，旅程舒适。

作为旅游度假形式的海上巡游仍得以发展。另外，乘船旅行已经逐渐从一种旅行交通方式转变成一种特殊旅游项目。但是，因其价格昂贵、耗费时日，海上巡游并不能成为一般大众的旅行方式。

巩固练习

1. 旅游者的定义是什么？
2. 旅游资源的含义与特点？
3. 旅游业的含义与内容？
4. 综合评价旅游活动各要素在旅游发展中的意义？

项目四

旅游业的构成

项目导读

贵州：聚焦旅游产业化 深入推进“大数据＋旅游”融合发展

“用‘一码游贵州’提前预约，到了景区就不用排队，太方便了！”春节前，在贵州赤水丹霞景区，遵义游客谢某分享她使用“一码游贵州”的旅行体验。

“一码游贵州”是2020年5月上线的一个全域智慧旅游平台，它以大数据、5G直播、新零售、区块链等多项前沿科技为支撑，以轻量化载体小程序为入口，一个二维码广纳贵州文旅信息资源，为广大游客提供“吃、住、行、游、购、娱”等方面的智慧旅游服务，有力提升了游客在黔旅游体验，构建了一个“科技革命＋文旅创新”的贵州全域智慧旅游新模式。截至2020年12月31日，“一码游贵州”总访问量突破1亿人次，累计用户突破1 000万人，入驻酒店和商户超过4万家，预约门票近180万张，已成为贵州旅游服务的一个重要数字化平台，也标志着贵州旅游产业智慧新格局正在形成。

春节期间，黄果树景区热度不减。在景区运营管理指挥调度中心，通过一面巨大的可视化智慧管理显示屏，景区地理事物、自然资源、旅游者行为、景区工作人员行迹、景区基础设施和服务设施清晰可见，工作人员进行着智慧调度。

这就是黄果树景区可视化智慧管理平台，于2013年搭建，为景区精准管理提供了强大智慧支持。黄果树旅游集团股份有限公司信息部胡副经理介绍，通过智慧管理平台，景区VIP产品体系也已成型并上架运行。他进一步介绍道：“我们利用大数据后台生成的景区700余万游客的消费者画像，可精准获取游客需求，为游客提供新的旅游体验附加值。此外，我们还考虑帮助游客抓取旅游过程中的精彩瞬间，比如，正在试验微表情分析，通过算法拍摄抓取游客最精彩的微表情，游客可以打印出自己的‘精彩一瞬’。”

2015 年《贵州省智慧景区建设指导规范（试行）》发布后，贵州各大景区积极探索，“互联网 + 旅游”已成为提升旅游业精细化、智能化管理水平，提高服务质量的重要手段。

这段时间，贵州省博物馆持续举办的“平天下——秦的统一”特展吸引了许多喜欢历史的市民。

“这是一场穿越时空的对话。”贵阳市民周某一边通过手机听语音讲解，一边认真观看展品。他说：“我去过许多博物馆，听讲解有的还要花钱，而这里用手机登录官方微信公众号，就可以免费收听语音讲解，还可以数字导览，进步太快了。”

“语音讲解是贵州省博物馆公众号提供的一项游客服务，此外，公众号上还有票务预约、数字导览等智慧服务。”贵州省博物馆信息中心万主任介绍，近年来，贵州省博物馆依托互联网、大数据、多媒体、人工智能、微信公众号等技术和平台已逐步完成了智慧票务系统、语音数字导览、展厅流量监控、藏品管理系统、多媒体互动智慧展厅等博物馆智慧化建设。

在遵义会议纪念馆多媒体互动体验区，三维 VR 技术、多媒体技术、数字科技等的应用将遵义会议纪念馆变成了一个“云展厅”。游客登录“5G+VR 遵义会议纪念馆”小程序，线上就能将遵义会议纪念馆“一览无余，尽收眼底”。

在移动互联网时代，依托科技力量推进旅游产业数字化转型，助力旅游品牌提质，为加快旅游产业化提供了更多动能。

近年来，贵州不断整合优势资源，深入推进“大数据 + 旅游”融合发展，积极培育旅游产业消费新业态，不断拓展旅游消费新模式，聚力开启智慧旅游新篇章，丰富了全域旅游内涵式发展，为贵州旅游产业高质量发展、多彩贵州旅游强省建设打开了新局面。2021 年 1 月，贵州省委、省政府印发《关于推动旅游业高质量发展加快旅游产业化建设多彩贵州旅游强省的意见》，进一步明确“统筹推动旅游产业化与新型工业化、新型城镇化、农业现代化协同发展，打造国际一流山地旅游目的地、国内一流度假康养目的地，推进多彩贵州旅游强省建设”。

（资料来源：《贵州：聚焦旅游产业化 深入推进“大数据 + 旅游”融合发展》，学习强国—贵州学习平台）

任务一 旅行社

一、旅行社的定义

2009 年 1 月 21 日，国务院第 47 次常务会议通过了《旅行社条例》，该条例自 2009 年 5 月 1 日起施行。《旅行社条例》第二条规定，旅行社，是指从事招徕、组织、接待旅游者等活动，为旅游者提供相关旅游服务，开展国内旅游业务、入境旅游业务或者出境旅游业务的企业法人。

2016 年 12 月 12 日，国家旅游局令第 42 号公布施行的《国家旅游局关于修改〈旅行社条例实施细则〉和废止〈出境旅游领队人员管理办法〉的决定》第二条规定：“招徕、组织、接待旅游者提供的相关旅游服务，主要包括：（一）安排交通服务；（二）安排住宿服务；（三）安排餐饮服务；（四）安排观光游览、休闲度假等服务；（五）导游、领队服务；（六）旅游咨询、旅游活动设计服务。旅行社还可以接受委托，提供下列旅游服务：（一）接受旅游者的委托，代订交通客票、代订住宿和代办出境、入境、签证手续等；（二）接受机关、事业单位和社会团体的委托，为其差旅、考察、会议、展览等公务活动，代办交通、住宿、餐饮、会务等事务；（三）接受企业委托，为其各类商务活动、奖励旅游等，代办交通、住宿、餐饮、会务、观光游览、休闲度假等事务；（四）其他旅游服务。”

二、旅行社的性质

我国旅行社是以营利为目的的企业法人，具有以下性质。

（一）旅行社是以营利为目的的企业

旅行社是通过向游客提供服务获取利润，是一个以营利为目的的自主经营、自负盈亏的独立企业法人。

（二）旅行社是中介服务机构

旅行社为游客所提供的旅游产品和服务，其实都是由旅游各供应部门提供的，旅行社仅仅组合各种旅游产品和服务。作为旅游服务企业，旅行社是旅游客源地与目的地之间，以及旅游消费者与旅游服务供应商之间的桥梁和纽带，所以具有中介性，并为促进旅游产品的销售和活跃旅游市场起到了积极的作用。

（三）旅行社是服务型企业

旅行社是典型的服务型企业，其主要业务是为旅游者提供服务，包括吃、住、行、游、购、娱六个方面。它既可以为旅游者提供单项服务，也可以为旅游者提供各项服务组合而成的包价旅游产品。

三、旅行社的分类

（一）国外旅行社的分类

国外旅行社常见的划分法有三分法和二分法。二分法是将旅行社划分为旅游批发商和旅游零售商，忽略旅游批发商与旅游经营商的差别。三分法是按业务范围划分，将旅行社划分为旅游批发商、旅游经营商和旅游零售商。

1. 旅游批发商

旅游批发商是一种从事旅游产品的生产、组织、宣传和推销旅行团业务的旅行社组织，主要从事组织和批发包价旅游业务。他们与饭店、交通运输部门、旅游景点及包价旅游所涉及的其他部门签订协议，以较低的价格预先购买这些服务项目，再根据旅游者的需求和相关部门的实际情况设计旅游产品，通过旅游零售商在旅游市场上销售，一般不直接向公众出售旅游产品。在美国，旅游批发商与旅游经营商的概念并没有太大的区别，经常混用。

2．旅游经营商

旅游经营商同旅游批发商一样，以组织及批发包价旅游产品为主要业务。两者的区别在于，旅游经营商也兼营一部分旅游产品零售业务。他们的旅游产品大部分由零售商出售，有时也代售其他旅游经营商的产品。旅游批发商和旅游经营商一般实力雄厚，规模较大。

3．旅游零售商

旅游零售商又称旅游代理商，主要从事旅游产品的零售业务，是指直接向个人或社会团体宣传和推销旅游产品，具体招徕旅游者，有的也负责当地接待的旅行社。旅游零售商是联系旅游批发商和旅游经营商与旅游者之间的桥梁与纽带，它们从旅游批发商或经营商那里购得包价或者单项旅游产品，然后零售给旅游者。其显著特点是旅游零售商不取得旅游产品所有权，只施行“代销”的职责，它几乎不承担旅游产品销售的市场风险，其收入全部来自销售佣金。旅游零售商一般而言规模不大，但是分布广泛，遍布欧美城镇的大街小巷，更便于将旅游产品销售给旅游者。

（二）我国旅行社的分类

我国旅行社的分类大体经历了三个阶段。

1．第一阶段（1985—1996 年）

根据 1985 年 5 月 11 日由国务院发布的《旅行社管理暂行条例》及 1988 年 6 月 1 日由国家旅游局颁发的暂行条例实施细则，我国旅行社分为一类社、二类社和三类社三种类型。一、二类社为国际旅行社（其中一类社可经营出境旅游、入境旅游和国内旅游，二类社可经营入境旅游和国内旅游）；三类社为国内旅行社，只能经营国内旅游。

2．第二阶段（1996—2009 年）

根据 1996 年 10 月 15 日由国务院发布的《旅行社管理条例》及 1996 年 11 月 28 日颁布的条例实施细则，我国旅行社分为国际旅行社和国内旅行社两种类型。国际旅行社的经营范围包括入境、出境和国内旅游业务，但是未经过国家旅游局批准，任何旅行社不得经营中国境内居民出境和边境旅游业务。国内旅行社指经营国内和入境旅游业务的旅行社。

3．第三阶段（2009 年取消旅行社分类）

根据 2009 年 2 月 20 日国务院发布的《旅行社条例》和 2009 年 4 月 2 日国家旅游局审议通过的《旅行社条例实施细则》（自 2009 年 5 月 1 日起施行），同时废除 1996 年颁布的《旅行社管理条例》，对我国旅行社的类别和经营范围进行了重新划分，明确自旅行社在取得经营许可之日起，可以经营国内和入境旅游业务。旅行社取得经营许可满两年，未因侵害旅游者合法权益受到行政机关罚款以上处罚的，可申请经营出境旅游业务。

四、旅行社的职能

旅行社的最基本职能是设法满足旅游者在旅游活动过程中的各种需要，同时协助交通、饭店、餐馆、旅游景点、商店和娱乐场所等旅游服务供应部门及企业将其旅游服务产品销售给旅游者。

（一）生产职能

旅行社的生产职能是指旅行社设计、开发和组合包价旅游产品以及组合旅游产品的功能。旅行社根据其对旅游市场需求的判断，或者根据旅游者及其他希望购买旅游产品的企业、单位（如旅游中间商）的要求，设计和开发出各种包价旅游产品和组合旅游产品，并向相关的旅游服务企业或部门购买各种服务，并将这些服务按照产品的设计要求组合成具有不同特色和功能的包价旅游产品。旅游产品是旅行社生存的基础，旅行社产品设计是否科学合理、能否符合旅游者需求，将直接影响到旅行社的市场竞争能力，最终影响到旅行社的生存与发展。

（二）销售职能

旅行社的第二个基本职能是销售职能，这种职能主要体现在两个方面：一是旅行社在旅游市场上向旅游者及其他旅行社产品的消费者销售其设计和生产的包价旅游产品与组合旅游产品；二是旅行社充当其他旅游企业（部门）及相关企业（部门）与旅游者之间的媒介，向旅游者代售这些企业（部门）的相关产品，如代订客房、交通票据等。这些代办业务构成旅行社的单项旅游服务产品，是旅行社的重要经营业务之一。

与其他旅游企业不同，旅行社的销售职能具有多功能性的特点，即旅行社不仅销售其自身生产的产品（包价旅游产品、组合旅游产品等），而且代售其他旅游企业及相关企业的产品（代订客房、交通票据等）。许多旅游产品正是通过旅行社这个销售渠道进入旅游市场，销售给旅游者及需要旅游产品的其他企业（单位）。旅行社不仅是其自身产品的销售渠道，也是许多其他旅游企业及相关企业的重要销售渠道。因此，旅行社的销售职能在满足旅游者需求、拓宽各种旅游产品销售渠道、增加旅行社及其他旅游企业（单位）的产品销售量方面发挥着重要的作用。

（三）组织协调职能

旅行社的第三个基本职能是组织协调职能。由于旅行社提供的包价旅游产品、组合旅游产品等不仅包含交通、住宿、餐饮、游览、娱乐、购物等旅游服务产品要素，而且往往会涉及海关、边防检查、卫生检疫、外事侨务、公安、交通管理、旅游行政管理等政府机关所提供的公共产品。当购买旅行社产品的旅游者开始消费该产品，即开始其旅游活动后，旅行社应确保整个旅游活动过程能够按照事先同旅游者达成的旅游协议顺利进行，提高旅游者对旅行社及其产品的满意度。旅行社产品的质量对其他旅游企业及相关企业（部门）产品质量的依赖程度较高，因此，旅行社必须协调同有关企业（部门）的关系，在确保各方利益的前提下，落实整个旅游活动过程中的各个环节。在许多情况下，旅行社的产品质量和旅游者对旅行社及其产品是否满意，在很大程度上取决于该旅行社的组织协调能力。

（四）分配职能

旅行社在整个旅游行业的产业链中处于下游地位，这意味着它必须向其产业链中处于上游地位的各种旅游企业（部门）及相关企业（部门）购买各种“原材料”，即构成其包价旅游产品和组合旅游产品的各种旅游要素。

旅行社不仅通过采购上游企业（部门）的产品而向它们支付费用，而且还向它们提供客源，从而使旅游者在这些企业（部门）进一步消费，为它们增加新的收入。另外，旅行社代订客房、交通票据、餐饮及其他服务预订的单项旅游服务业务，也为提供这些服务的企业（部门）增加了获得收入的途径。

（五）提供旅游信息职能

任何旅游企业都具有向旅游者提供旅游产品信息的职能。但是，旅行社作为旅游产业中的一种特殊企业，其提供信息的职能却与其他类型的旅游企业不尽相同。旅行社不仅向旅游者提供有关产品的信息，而且向其他旅游企业提供旅游者的消费需求信息。换言之，旅行社提供信息的流向是双向的。造成这种双向的信息流动方式的原因是旅行社产品具有地理上的不可转移性特点，导致了旅游市场上的双重信息不对称。一方面，位于旅游目的地的住宿、餐饮、交通、景点、商店、娱乐场所等旅游要素的提供者在旅游者到达前，无法直接接触到旅游者，因而无法及时和准确地掌握旅游者在旅游需求方面的新变化。另一方面，旅游者在抵达旅游目的地之前，也无法确切地了解其将要消费的产品。提供旅游服务的多数旅游企业缺乏旅游需求的准确和全面的信息，而作为旅游服务产品消费者的旅游者又难以获得旅游供给的准确信息。旅游市场上信息的双向不对称，既容易造成旅游产品难以适销对路，也可能影响旅游者对旅游产品的满意度，从而成为困扰旅游企业和旅游者的难题。

旅行社的独特地位使之能够帮助其他旅游企业（部门）及旅游者获得各自所需要的信息，从而解决旅游市场上信息的双重不对称问题。一方面，旅行社作为旅游产品重要的销售渠道，应及时、准确、全面地将旅游目的地各相关企业（部门）最新的发展和变化情况传递到旅游市场中去，以便于并促使旅游者购买。另一方面，旅行社作为旅游产品重要的销售渠道，始终处于旅游市场的前沿，熟知旅游者的需求变化和市场动态，将这些信息及时提供给各相关企业（部门），对他们的经营管理具有指导意义，而相关企业（部门）经营的改善和服务质量的提高，无疑也有利于旅行社自身的发展。

五、旅行社产品

旅行社产品按产品所包含的内容，可以分为包价旅游产品和非包价旅游产品。

（一）包价旅游产品

包价旅游是旅游者在旅游活动开始前将全部或部分旅游费用预付给旅行社，由旅行社根据与旅游者签订的合同或协议相应地为旅游者安排旅游项目。包价旅游产品可分为全包价旅游产品、半包价旅游产品、小包价旅游产品、零包价旅游产品和组合旅游产品。

1. 全包价旅游产品

旅游者将涉及旅游行程中的一切相关服务项目费用统包起来预付给旅行社，由旅行社全面落实旅程中的一切相关服务项目。全包价旅游产品中的一切相关服务项目包括食、住、行、游、购、娱各环节及导游服务、办理保险与签证等。团体旅游通常是全包价旅游产品。

2. 半包价旅游产品

半包价旅游产品是指在全包价旅游的基础上扣除中、晚餐费用（不含中、晚餐项目）的一种包价形式。半包价旅游产品的优点是能够降低产品的直观价格，提高产品的竞争力，更好地满足旅游者在用餐方面的不同要求。部分团体旅游产品采用这种半包价旅游形式。

3. 小包价旅游产品

小包价旅游产品又称可选择性旅游，或自助游。它由非选择部分和可选择部分构成。非选择部分包含城市间交通（长途交通）和市内交通（短途交通）及住房（含早餐）；可选择部分包括景点项目、娱乐项目、餐饮、购物及导游服务。小包价旅游具有经济实惠、手续简便和机动灵活等特点，通常向散客旅游者推出。

4. 零包价旅游产品

零包价旅游产品是一种独特的产品形态。参加这种旅游的旅游者必须随团前往旅游目的地，返回时也必须随团离开旅游目的地。在目的地期间旅游者可自由活动，旅行社不安排项目，完全由旅游者自己来安排项目。零包价旅游产品的特点是：旅游者活动自由，只受到行程期限的限制，行程内容由自己安排；旅游者以散客的形式也能享受团体机票的优惠；旅行社统一代办签证和保险。目前我国公民出境探亲旅游多采用此种方式。

5．组合旅游产品

组合旅游产品也称自由人旅游，这种产品是旅游目的地的旅行社把来自不同旅游客源地的零散游客汇集起来，组成团队进行旅游，旅游活动结束后，旅游团就地解散，各自返回原客源地。组合旅游产品的特点是：异地拼团，避免了一些客源地旅行社组团能力不足而造成客源浪费的弊病。另外，组合旅游的组团时间短，有利于目的地旅行社在较短的时间内招徕大量的客源。另外，组合旅游产品比通常的散客全包价费用低，这对于散客旅游者是很有吸引力的。

（二）非包价旅游产品

非包价旅游产品主要指单项服务，也称委托代办业务，指旅行社根据旅游者的具体要求而提供的各种非综合性的有偿服务。旅游者需求的多样性决定了单项服务内容的广泛性，其中常规项目包括代为办理交通票务、订房、订餐、办签证、办边境证、伴游、租车、会务安排等。旅行社单项服务的对象主要限于散客。

知识链接

红色研学旅行 贵州遵义成“打卡”热门地

贵州省遵义市，见证着中国革命走向转折的伟大历史时刻，是著名的红色圣地，也是当代学生接受红色文化教育的优质教育基地。近日，来自贵州贵阳观山湖区培文学校的近400名师生抵达遵义，开展了为期三天的研学旅行活动。

贵阳观山湖区培文学校此次开展的“重走长征路·阔步新时代”红色文化教育主题研学活动的第一站是遵义会议会址纪念馆。当天，在解说员的带领下，孩子们走进遵义会议会址，有序地参观遵义会议陈列馆，重温峥嵘岁月，学习革命历史。

据了解，该校组织的研学线路从遵义会议会址纪念馆出发，途经土城古镇、中国女红军纪念馆、四渡赤水纪念馆、茅台镇等经典红色纪念地或遗址。三天时间里，孩子们在以“六个一”（行一段红军路、研一次红军史、听一场红军故事、进行一场军事拓展训练、唱一支红军歌、吃一顿红军餐补给）为主题的研学实践中，深刻感知、感悟长征精神。

“遵义这座光荣的城市，是一座适合研学体验的城市，以遵义会议会址纪念馆为核心辐射开去，近可组合娄山关、海龙屯、苟坝、大发渠等形成短线研学产品，远可组合茅台镇、三渡渡口、中国酒文化博物馆、四渡赤水纪念馆、女红军纪念馆以及赤水河谷旅游公路等形成三日以上的长线研学产品。”遵义市文体旅游局相关负责人如是说。

自 2020 年 10 月以来，贵阳每周都有不少于 300 名规模的初高中研学团队奔赴遵义，开展主题为“重走长征路·阔步新时代”的红色文化教育主题研学活动。活动的策划方贵州启黔之窗旅行社自 2015 年便开始深耕研学教育旅行，从课程研发到落地执行，形成了完善的高品质服务体系。

“红色文化教育一直是我们重点深耕的板块。黔北是红色革命文化的热土，借助遵义红色文化资源优势，以及完善的配套服务，我们研发了《韧者贵州》主题品牌课程，不仅申请了知识产权保护，同时也助力红色文化核心区——遵义赤水河谷国家级旅游度假区成功申报研学基地。”贵州启黔之窗旅行社有限公司相关负责人说。

（资料来源：《红色研学旅行 贵州遵义成“打卡”热门地》，遵义日报，2021-02-10）

研学知识

"私人订制"旅游产品，供不应求

2014年春节期间，重庆各大旅行社推出的境内外旅游产品销售全线飘红，特别是相对高端的"私人订制"旅游产品，呈现出供不应求的局面。"参团游行程安排太紧张：只能以观光为主，不适合深度旅游。自由行虽然自由，但是比较麻烦，需要自己提前做好行程规划，预订酒店、机票等。"市民刘女士订制了市内一旅行社推出的"自由行家庭套餐"，这种产品让一个家庭就可以成团。《中华人民共和国旅游法》实施以来，重庆市旅游市场出现了一个重大变化：专线游备受冷落，自由行开始火了起来。往年春节期间，参团游客和散客的比例为7∶3，而2014年却倒了过来，自驾、自助旅游占到春节出游的7成以上。在参团游客人数大幅下滑的大背景下，旅行社要实现盈利，必须提高单个旅游产品的价格，产品价格上涨与服务价值的提升是成正比的，这意味着未来旅游产品结构也将随之调整。发展中高端私人订制旅游产品，展现旅游服务的个性化独特魅力，已成为各大旅行社寻求转型的突破口。2014年春节期间，重庆市的部分旅行社投放了少量的"订制服务"试水，效果好得出乎意料。比如1月中旬推出的意大利、西班牙等地的订制旅游，虽然价格都在1.5万元以上，但几天时间就销售一空，后又投放了非洲、东南亚海岛等线路的订制产品，也在年前全部售罄。

（资料来源：万剑敏，《旅行社产品设计》，旅游教育出版社2014年版）

请阅读本案例，通过小组讨论和个人思考回答问题：

1. 分析《中华人民共和国旅游法》出台后旅行社产品所体现的新特点和新变化。

2. 结合本模块知识和本案例，谈谈旅行社产品如何在变与不变之间保持平衡和发展。

任务二　旅游交通

旅游交通是旅游业的三大支柱产业之一，是旅游业发展的命脉。现代旅游之所以发展成为世界性、大众性的活动，一个重要的原因是现代交通的发展。旅游交通是联系旅游客源地和目的地的重要物质纽带，是开展旅游活动必不可少的条件。没有旅游交通，现代意义上的旅游活动就难以实现。交通对旅游业的发展起着决定性的影响，而旅游业的广泛开展又对交通业的发展起着推动作用。

一、旅游交通的定义

（一）旅游交通的概念

旅游交通是指旅游者为了实现旅游活动，借助某种交通工具，实现从一个地点到另一个地点之间的空间转移过程。它既是抵达目的地的手段，同时也是在目的地内活动往来的手段。

（二）旅游交通的特点

1．综合性

旅游交通是由公共交通和专业性的旅游交通共同构成的。

2．区域性

旅游交通线路是根据旅游者的流向、流量等形成的，旅游的区域性特点决定了旅游交通的区域性。

3．季节性

旅游者的旅游活动呈现明显的季节性，因此，对旅游交通的需求也同样具有季节性这一特征。

4．替代性

基于时间、经济、审美等各种原因，各种交通工具之间存在替代性，表现为同一种交通工具不同档次之间存在替代性。

（三）旅游交通的层次

旅游交通可分为三个层次：

（1）第一层次是外部交通，指从游客常住地到旅游目的地，或目的地内各旅游中心城市之间的交通，属于中、远距离的交通。外部交通方式主要采用航空或铁路交通。

（2）第二层次是中间交通，指从旅游中心城市到各景区的交通，属于中、短距离的交通。中间交通方式主要采用铁路、公路或水路交通。

（3）第三层次是内部交通，即景区内的交通，基本是景点间的短途交通。使用的交通工具，根据景区规模大小、地形变化等不同采用汽车缆车、小火车、电瓶车等，或者以步行为主。

二、旅游交通的方式

旅游交通运输方式很多，其中公路、铁路、航空、水路是四种基本的运输方式。旅游类型不同，人们对旅游交通的要求也不同。事实上，在旅游的整个过程中，由于每种交通工具各有自己的优点和局限性，往往是相互配合、交替使用、相互补充，以方便旅游者，完善旅游活动。

（一）公路旅游交通

公路旅游交通是世界上最主要、最普遍的旅游交通方式。它以各种类型的汽车为主要交通工具，以公路为交通线路，以汽车站场为始终停靠站，为游客提供运输服务。公路旅游交通在旅游活动中使用比重最大，尤其是利用汽车组织包价旅游可克服行李和转车问题等，因此，深受短途旅游者和青年旅游者的欢迎。

目前，世界各国广泛修建高速公路，这为汽车提速创造了良好的条件，使得公路旅游交通的地位越来越重要。我国自改革开放以来，高速公路的建设迅速，广泛修建从旅游中心城市到旅游风景区的高等级公路，一定程度上改善了旅游“瓶颈”问题。

优点：机动灵活、短程旅游快捷便利、独立性高。

缺点：运量小、耗能大、安全系数低、污染程度高、受天气变化影响较大、不适合长线旅游。

随着私家车的普及、自驾车旅游的发展，许多国家成立了汽车俱乐部或汽车组织，并且加强与旅游业的联合，开办相应的业务，开发自驾车旅游市场。

（二）铁路旅游交通

铁路交通方式以旅客列车为交通工具，以铁路为交通线路，以铁路客运车站为始终停靠站，主要承担中远程旅游者的运输任务。火车自其诞生直到第二次世界大战结束，一直是人们外出旅行的主要交通工具，对近现代旅游业的发展有过重大的影响。在我国，铁路运输至今仍是国内旅游主要的旅行方式。目前，铁路运输向提高车速方向发展，高速铁路、磁悬浮列车的出现，提高了铁路交通运输方式的竞争能力。

优点：运载能力大、污染少、费用低、安全系数高、运行计划强、受天气影响较小以及远距离持续行驶能力较强。

缺点：体能消耗大、灵活性差、短途运输成本高。

（三）航空旅游交通

航空运输又称飞机运输，是在具有航空线路和飞机场的条件下，以飞机作为运输工具的一种运输方式。飞机是世界上远程旅行中最主要的交通工具。航空旅游交通在国际旅游中占绝对优势，有无航空交通条件是能否大规模开展国际旅游业的前提，航空运输业的发达程度是衡量各国旅游业发展水平的重要标志。

优点：航程远、速度快、舒适、安全、省时。

缺点：噪音大、费用高、附加时间长、独立性差以及受天气变化影响大。

（四）水路旅游交通

水路运输为目前各主要运输方式中兴起最早、历时最长的运输方式。它是以船舶为主要运输工具，以港口或港站为运输基地，以水域包括海洋、河流和湖泊为运输活动范围的一种运输方式。水路运输主要分为海上运输和内河湖泊运输两种形式。在航空运输崛起之前，它曾是国际上的一种主要交通方式。例如，堪称当时世界上最豪华的超级远洋游轮“泰坦尼克号”。

优点：载重量大、舒适、安全、悠闲。

缺点：线路长、速度慢、灵活性小、连续性差、经营成本高。

（五）特种旅游交通

特种旅游交通主要指除人们常规的、传统的旅游交通方式以外，为满足旅游者娱乐、游览的需要而产生的特殊交通运输方式。它们是四大现代交通方式（公路、铁路、航空、水路）以外的对旅游起着辅助作用的交通方式，主要为旅游者提供新奇、惊险、独特的感受，从单纯的旅行观光转向趣味性、参与性。特种旅游交通处于不断地更新应用中，主要有以下四类：

（1）机械动力交通工具类，如缆车、机动船（含气垫船）、电瓶车、机动三轮车等。

（2）畜力交通工具类，包括各类坐骑（如马、牛、驴、骆驼、牦牛等）、畜力车（如马、牛、羊、骆驼、驴等拉的车）以及雪橇（如马、狗等拉的雪橇等）。

（3）人力交通工具类，如自行车、人力三轮车、木筏、竹排、皮划艇、乌篷船、轿子、滑竿、羊皮筏子等。

（4）自然力交通工具类，如帆船、热气球等。

三、旅游交通的地位和作用

（一）旅游交通是发展旅游业必不可少的先决条件

人们外出旅游，首先必须完成从其常住地向旅游目的地的空间移动。除步行外，交通工具是帮助旅游者实现旅游活动的必要手段，既节约时间又节省体力。尤其是现代大规模的旅游，所达地区越来越远，交通工具更是必不可少。因此，世界各国都致力于基础设施的建设，以缓解交通紧张的状况，为旅游业的发展创造更好的条件。到 2019 年底，中国已拥有发达的国内航空、公路、海运和铁路交通网，高速公路已达 14.9 万千米，铁路总长已达 13.9 万千米，其中高速铁路达 3.5 万千米，航空公司和众多的海运公司已经把中国和世界各地连接在一起，使外国游客感到十分便利。相反，如果没有旅游交通作为先决条件，游客则无法进入该国旅游目的地，旅游业也就无法发展。

（二）旅游网点的兴起和发展依赖于旅游交通

一个国家或地区发展旅游业的重要条件之一是该地的可进入性程度，即能否进得去、散得开、出得来。我国地域辽阔，旅游资源丰富，但有些地方由于交通闭塞，尽管风景优美，也不为世人所知。还有些地方，由于交通工具和设施落后，丰富的旅游资源得不到应有的利用。由此可见，要开辟旅游景点，发展旅游业，首先必须发展交通运输，只有旅游者亲临其境，旅游资源和旅游设施才能真正发挥作用，只有旅游目的地具备可进入性条件，其使用价值和价值才能真正实现。

（三）旅游交通是旅游业创收的重要部门

旅游者从居住地到旅游目的地，在目的地内不同景点间的往来，都必须借助一定的交通运输服务，因而需要支付一定的交通费用，且距离越远，交通费用花费越多。交通费用是旅游收入的重要来源。就国内旅游而言，在任何国家，旅游交通收入都占有相当的比重。据统计，旅游者用于交通方面的开支占总支出的 30% ~ 40%。欧美旅游者来华旅游，其中交通费约占全部费用的一半。

（四）旅游交通可以成为吸引旅游者的旅游资源

旅游交通设施可增添旅游乐趣，人们离开居住地乘坐某种交通工具，领略沿途景物，其内容本身就是旅游活动的一部分，如果某种交通工具是旅游者过去从未接触过的，或该交通工具能突出表现地方特色与民族风格，旅游者会倍感新奇，就更能为旅游活动增添乐趣。如乘坐飞机、磁悬浮列车、游轮、游艇、热气球、坐花轿、坐马车、乘缆车、骑骆驼等，都增强了旅游的情趣，丰富了旅游者的旅游经历。有些旅游活动项目须借助交通工具才能实现，以乘船游览江河湖海最为典型，例如乘游船畅游长江。另外，还有游览野生动物园、漂流等旅游活动。

知识链接

造全国最长水上慢行骑道

四川峨边积极探索“交通＋旅游＋扶贫”融合发展模式，依托大渡河沿岸秀美山水风光，融合自然人文风情，拟投资8.79亿元，沿大渡河建设35千米黄金水域骑游大道，力争打造成为全国最长的水上慢行骑道。

该骑游道作为峨边大渡河畔一条重要的旅游通道、交通通道，也是一条重要的扶贫攻坚通道，项目建成后将更好地串联整合大渡河沿线山水、历史、人文资源，构建起“山水林田湖”生命共同体，带动沿线8 512户32 189名群众发展农家乐、特色种养业等产业，为全域旅游提供有力支撑，为脱贫攻坚注入强大动力，为峨边全县人民铺就一条康庄大道。

峨轸路改造提升暨骑游道建设工程，自2018年7月正式动工，现已完成公路路基的90%，骑游道、堡坎完成85%，公路堡坎全面结束；现正进行骑游道和公路并行路段建设；预计2019年8月30日前完成路面铺筑，2020年7月前全部完工。

峨轸路改造提升工程起于峨边彝族自治县长沙路铁路桥立交桥与国道245线相接，经长沙路、峨边大渡河二桥后沿大渡河右岸而行，经沙坪、马嘶溪吊桥、象鼻子、等分、毛坪后到达止点龚嘴大桥峨边岸。同期开工的峨轸路骑游道建设工程，以峨边大渡河二桥右岸下游有研稀土有限公司为起点，止于龚嘴电站大坝右岸，沿大渡河右岸而行。

峨边大渡河沿线自然风光得天独厚，考虑到植被保护，峨轸路改造提升暨骑游道建设工程设计时采用了堡坎扩展道路，不对山体进行开挖，以保护自然、保护沿线风光。同时，工程建设方对山体自然灾害点进行治理，采取明洞、避让等方式治理地质灾害区。

据悉，乐山市拟打造总长200余千米，连接市中区、沙湾区、峨边彝族自治县和金口河区的大渡河骑游绿廊项目，峨轸路改造提升暨骑游道建设工程系该项目中的一段。

（资料来源：《积极探索“交通+旅游＋扶贫”融合发展模式》，学习强国——四川学习平台，2019-05-07）

研学知识

圣地西藏游

青藏铁路通车之后，广州某旅行社准备推出青藏游产品。根据初步采线和铁路、航空部门运行的实际状况，设计人员认为，在西藏旅游天数和游览景点一定的情况下，可以设计三种出入西藏的方式：

（1）从广州乘进藏列车，直达拉萨，乘车时间约 55 小时。到拉萨之后，游览拉萨、日喀则、纳木错、林芝等地的景点，然后由拉萨乘飞机前往成都，再从成都飞回广州。

（2）从广州乘飞机至成都，再由成都飞西宁，在西宁停留 1 天，游览青海湖等景点。然后从西宁乘进藏列车至拉萨，乘车时间约 23.5 小时（旺季时西宁至拉萨的火车票十分紧俏，除本身票价之外，每张票还需要 100～500 元不等的订票费）。抵达拉萨之后，行程与第一种方式相同。

（3）从广州飞往成都，再由成都飞往拉萨，游览拉萨、日喀则、纳木错、林芝等地的景点。然后从拉萨乘火车前往西宁，在西宁游玩一天之后，乘飞机到成都，再从成都飞回广州。

（资料来源：万剑敏，《旅行社产品设计》，旅游教育出版社 2014 年版）

请阅读本案例，通过小组讨论和个人思考回答问题：

如果你是设计人员，请具体分析三种线路的优劣及其操作的可行性。

任务三　旅游饭店

饭店（hotel）一词源于法语，原意是指法国贵族在乡下招待贵宾的别墅。现代饭店，是指向各类旅游者提供食、宿、行、游、购、娱等综合性服务，具有涉外性质的商业性的公共场所。

一、饭店业发展历程

旅游和商务活动自古有之，饭店餐馆就应运而生。相传欧洲最初的食宿设施约始于古罗马时期，其发展进程经历了所谓的古代客栈时期、大饭店时期、商业饭店时期等阶段，其间几经波折。第二次世界大战以后，欧美各国随着经济和旅游业的不断发展进入新型饭店时期，并逐步形成了庞大独立的饭店行业。

（一）古代客栈时期

由于社会的需要，为满足外出人们的吃、喝、睡等赖以生存的基本需要，千百年以前就出现了客栈和饭店。至中世纪后期，随着商业的发展，旅行和贸易兴起，外出的传教士、信徒、外交官吏、信使、商人等激增，对客栈的需求量大增。由于当时的交通方式主要是步行、骑马或乘坐驿车，客栈大多设在古道边、车马道路边或是驿站附近。早期的英国客栈是人们聚会并相互交往、交流信息和落脚歇息的地方。最早的客栈设施简陋，仅提供基本食宿，无非是一幢大房子，内有几间房间，每个房间里摆了几张床，旅客们往往挤在一起睡，并没有什么更多的要求。当然，由于服务项目少，服务质量差，也确实没有什么可供消遣。到了 15 世纪，有些客栈已拥有 20～30 间客房，有些较好的客栈还设有酒窖、食品室、厨房，为客人提供酒水和食品。一些客栈开始关注周围环境状况，房屋前后辟有花园草坪，客栈内有宴会厅和舞厅等，开始向多功能发展。总的来看，当时的客栈声誉较差，被认为是赖以糊口谋生的低级行业。客人在客栈内缺乏安全感，诸如抢劫之类的不法事件时有发生。

（二）大饭店时期

18 世纪后期，随着工业化进程的加快和民众消费水平的提高，为方便贵族度假者和上层人物以及公务旅行者，饭店业有了较大的发展。在纽约，1794 年建成的首都饭店，内有 73 套客房，这在当时无疑是颇具规模的。而堪称第一座现代化饭店的特里蒙特饭店于 1829 年在波士顿落成，为整个新兴的饭店行业确立了标准。该饭店不仅客房多，而且设施设备较为齐全，服务人员亦经过培训，客人有安全感。

19 世纪末 20 世纪初，美国出现了一些豪华饭店，这些饭店崇尚豪华和气派，布置高档的家具摆设，供应精美的食物。大饭店时期的饭店，具有规模大、设施豪华、服务正规、有一定的接待仪式、讲究一定规格的礼貌礼仪等特点。

（三）商业饭店时期

20 世纪初，当时世界上最大的饭店业主斯塔特勒（E. M. Statler）为适应旅行者的需要，在斯塔特勒饭店的每套客房都设有浴室，并制定统一的标准来管理他在各地开设的饭店，还增加了不少方便客人的服务项目。

20 世纪 20 年代，饭店业得到了迅速发展，美国的大、中、小城市纷纷通过各种途径集资兴建现代饭店，而且汽车饭店也在美国各地涌现。到 20 世纪 30 年代，由于经济大萧条，旅游业面临危机，饭店业亦不可避免地陷入困境。在兴旺时期开业的饭店，几乎尽数倒闭，饭店业受到极大挫折。

商业饭店时期，汽车、火车、飞机等交通工具的发展给旅客带来很大便利，许多饭店设在城市中心，汽车饭店则设在公路边。这一时期的饭店，设施方便、舒适、清洁、安全，服务虽较为简单，但已日渐健全，经营方向开始转向以客人为中心，饭店的价格也趋向合理。

（四）现代新型饭店时期

第二次世界大战结束后，全球经济开始繁荣，交通工具也便利起来，这使得有钱的人们对饭店的需求剧增，一度处于困境的饭店业又开始复苏。1950 年后，开始出现世界范围内的经济发展和人口增长，而工业化的进一步发展增加了人民大众的可支配收入，为外出旅游和享受饭店、餐馆服务创造了条件。至 20 世纪 50 年代末 60 年代初，旅游业和商务的发展趋势对传统饭店越来越不利，许多新型饭店大批出现。现代新型饭店时期，饭店主要面向大众旅游市场，许多饭店设在城市中心和旅游胜地，大型汽车饭店设在公路边和机场附近。这个时期，饭店的规模不断扩大，类型多样化，开发了各种类型的住宿设施，服务向综合性发展，饭店不但提供食、住，而且提供旅游、通信、商务、康乐、购物等多种服务，力求尽善尽美，饭店集团占据越来越大的市场。

知识链接

迪拜阿拉伯塔酒店（Burj Al-Arab）

迪拜是阿拉伯联合酋长国的第二大城市。20 世纪 50 年代，它还是阿拉伯湾一个朴素的海滨小镇，到了 90 年代以后，迪拜发生了脱胎换骨的变化。鳞次栉比的摩天大楼在霍尔河畔奇迹般地崛起。像其他中东城市一样，迪拜因石油而富庶。但对一个雄心勃勃想在新世纪大展身手的新兴城市来说，石油当然不是全部。它打开了大门，大力发展旅游业。由于拥有高素质的环境以及丰富多彩的文化，到迪拜的旅游者以模特、艺术家、商人等高收入阶层居多。在迪拜王储的提议之下，知名企业家 Al-Maktoum 投资兴建了美轮美奂的 Burj Al-Arab 酒店。

酒店的豪华程度令人叹为观止，评论家们都不知道该给它定为几星：是五星，六星，还是七星。酒店建在海滨的一个人工岛上，外观如同一张鼓满了风的帆，一共有56层、321米高，是全球最高的饭店。它由英国设计师W. S. Atkins设计，有着202套复式客房、200米高的可以俯瞰迪拜全城的餐厅以及世界上最高的中庭。到过这里之后，你才能真正体会什么叫金碧辉煌。它的中庭是金灿灿的，其中最豪华的780平方米的总统套房也是金灿灿的。客房面积从170平方米到780平方米不等，总统套房在第25层，家具是镀金的，设有一个电影院、两间卧室、两间起居室、一个餐厅，出入有专用电梯。已故顶级时装设计师范思哲曾对它赞不绝口。

海里有餐厅，空中也有餐厅，客人只需乘搭快速电梯，33秒内便可直达屹立于阿拉伯海湾上200米高空的AI-Mahara餐厅。进入太空设计的餐厅，以蓝绿为主的柔和灯光，再加上波浪设计的衬托，就仿佛进入另一世界。这餐厅可容纳140名顾客，晚餐之际，夜空璀璨，环观迪拜的天空和海湾，享受地中海风味的高级厨艺，想来是人生至高的享受了。而仅供应美味的Mediterranean（地中海餐），则是该餐厅的一大特色。

（资料来源：《阿拉伯塔酒店》，百度百科）

二、旅游饭店的类型

为了满足各类旅客的需要和满足饭店盈利的需要，出现了各种各样的奇特新颖的饭店。一般根据饭店的用途、规模大小、特点、经营方式等情况的不同来对其分类。国际上常见的旅游饭店划分方式见表4-1。

表4-1　旅游饭店分类

划分原则	具体分类
客源市场	商务型、度假型、会议型、长住型、汽车型、青年旅舍
饭店地点	城市、胜地、机场、车站码头、海滨饭店

续表

划分原则	具体分类
计价方式	欧式计价、美式计价、修正美式计价、大陆式计价、百慕大式计价饭店
规模大小	小型（客房数<300）、中型（300≤客房数≤600）、大型（客房数>600）饭店
设施档次	豪华型、高档型、中档型、经济型饭店
经营方式	独立经营、连锁经营饭店
等级	一星、二星、三星、四星、五星级饭店

三、旅游饭店的等级

世界上的饭店繁多，档次不一，为了向外推销和方便旅客选择饭店，各国政府或旅游业的团体机构，根据饭店的豪华程度、设施水平、服务范围和服务质量等条件，将饭店划分为不同的等级，并用符号（星、钻石、梅花等）、数字（一、二、三等）、字母（A、B、C 等）以及文字描述（豪华、舒适、现代等）来加以区分。

目前，国际上在饭店等级划分上还未有正式的统一标准，但有些标准是众所公认的，如清洁、设施水平、家具品质及维修保养、服务与豪华的程度。各国和地区在划分饭店等级上都有自己的标准。例如，中国台湾以梅花数量分等级，四朵和五朵梅花为国际旅游饭店，三朵梅花为旅游饭店。瑞士饭店协会采用五星等级制度。美国汽车协会采用五粒钻石等级制度，将饭店分为好、佳、优及突出等级。奥地利采用“A1、A、B、C、D”来区分不同等级的饭店。

许多饭店的登记标准要求仅涉及物资设备和服务项目方面，任何饭店只要经过更新改造是可以达到的。但应当记住，只有提供优良的服务、高水准的饮食、美好的环境，才有可能进入世界优秀饭店的行列。我国旅游饭店参照国际标准，1988 年制定了《中华人民共和国评定旅游涉外饭店星级评定的规定》，并于 1988 年 9 月 1 日起实施饭店星级评定制度，2007 年又在原有五星级的基础上增设了最高级别白金五星级。

思考

我国首批白金五星级饭店有哪些?

四、旅游饭店的地位和作用

随着社会的发展、交通的便利，人们经常有机会外出旅游、探亲、度假，或外出进行文化交流、经商等活动，饭店为这些旅行者提供了住宿、餐饮、娱乐的方便。随着世界旅游业的发展和国际交往的增多，饭店业在国民经济中的地位日趋重要，它对促进国民经济发展有着重要的作用。

（一）饭店是旅游业的重要支柱之一

饭店是旅游业发展的物质基础，为旅游者提供在旅游活动中的食、住、娱乐场所。除此之外，现代饭店还为人们提供了保健、社交、会议、消遣与购物的场所。它以一种特殊的商品形式，吸引人们用较多的货币去享受在家庭和其他地方享受不到的东西，以提供各种优质服务来获得盈利。这不但促进了旅游业的发展，也直接促进了国民经济的发展。

（二）饭店是国家外汇收入的重要来源之一

现代饭店是一种不出口的商品外贸经营方式，它的创汇率在某种程度上比商品出口的创汇率还高。在我国，高级饭店主要的接待对象是外国客人、外籍华人、华侨以及我国港澳台同胞，这些客人在饭店内的消费支出都以外汇结算。因此，饭店是创造外汇收入的重要场所。同时，饭店也是国家对外政策的直接执行者，是体现国家形象的窗口。

（三）饭店是一个综合性的服务行业，它的发展势必促进其他行业的发展

饭店是一个综合性的服务行业，能够促进一些行业的发展，如建筑业、装修业、轻工业和电气行业、食品加工业等行业，对活跃国民经济起到极大的促进作用。

（四）饭店为社会创造了大量的就业机会

饭店本身属于劳动密集型企业，饭店的发展直接为社会创造了大量的就业机会。此外，饭店业的建设还带动了为其提供物质支持的建筑业、农副业、食品加工业、纺织业、公共事业单位等多个行业或部门的发展，进而促使产生了大量的就业岗位。根据我国饭店业的人员配备现状，饭店每增加 1 间客房，就可以为社会提供 1.5 ~ 2 个直接就业机会、2 ~ 5 个间接就业机会。

（五）饭店是人们进行社交活动的重要场所

饭店的客人是来自世界各地的各界人士，他们的来访促进了文化艺术、科学技术的交流。同时，现代饭店中设施设备的引进，现代管理技术的运用，也促进了科学技术的交流。除此之外，饭店还成为当地居民进行社交活动的理想场所。

知识链接

华住酒店集团

华住集团，是中国领先的多品牌酒店集团，在全国 400 多座城市，运营 4 000 多家酒店，并拥有 80 000 多名员工。自 2005 年创立以来，华住始终以专业而高效的智能化管理系统，专注于为客户提供高品质和多元化的出行体验，成就美好生活。

自 2014 年，华住集团与雅高酒店集团形成长期战略联盟，共同开辟在华酒店业务。目前，华住运营的酒店品牌已经覆盖多元市场，包括高端市场的美爵、禧玥、花间堂，中端市场的诺富特、美居、漫心、全季、桔子水晶、桔子精选、CitiGO、星程、宜必思尚品，以及大众市场的宜必思、汉庭优佳、汉庭、怡莱、海友等知名酒店品牌，满足从商务到休闲的个性化需求。“华住会”，作为华住推出的会员俱乐部，也是一个高效、简单、温情的酒店预订平台，正为全球超过 1 亿会员提供住宿、出行、购物等服务。

以“成为世界级的伟大企业”为愿景的华住集团，在创始人季琦的带领下，已经成为中国发展最快的酒店集团之一。2010 年，华住在美国纳斯达克成功上市。目前，集团位列美国 Hotels 杂志公布的全球酒店集团排名第 9 位，旗下汉庭品牌连续五年荣登 BrandZ 最具价值中国品牌 100 强。

（资料来源：华住酒店集团官网）

研学知识

香港港丽酒店成功的秘密

1995 年，美国权威的旅游杂志 *Traveler* 将香港港丽酒店（Conrad Hotel）评为全世界服务最好的酒店之一。1994 年，该酒店的入住率已经超过 90%。要知道，对于星级酒店来说，年平均入住率能达到 75% 就相当不错了。而实际上，港丽酒店在 1989 年才刚刚成立，开业仅六年便登上业界的巅峰，港丽成功的秘密何在?该酒店的副总裁利加逊里一语道破天机——定位的威力。

对于酒店而言，恐怕没有任何一件事情比决定它在市场中的定位更为重要了。为了赢得商机，酒店通常会试图找出最为有利的目标市场。例如，有些酒店着重接待商务旅客，有些酒店倾向接待旅行团的观光客，另外一些酒店则尝试同时吸引这两群不同的消费者。

一般情况下，酒店在确认它的目标市场之前，必须决定哪些具有竞争性的优点是它所能提供给目标市场的。例如，出众的产品、良好的客户服务、价格、名气和声誉、创新的特色、方便程度、气氛等都是酒店可以赢得优势的各种渠道。然而，最为重要的是，这些优势必须是因客户的需求而定，得到客户的认可，酒店的定位不能是自己的一厢情愿，只有客户心目中的认可才是影响最终业绩与营业收入的决定性因素。

亚洲最好的几家酒店都已在客户心目中建立了不可动摇的地位。以香港半岛酒店和曼谷东方酒店为例，它们早已被认定为亚洲乃至全世界最杰出的酒店，其所提供的产品特色、服务品质、定价、气氛、声誉、创新能力等都是客户们评断其定位的依据。

港丽酒店所具有的优势是设施先进、环境舒适、服务具有特色、地点方便，这些能够很好地满足商务人士的要求。其劣势在于酒店在市场中知名度不高，还没有树立自己的形象。基于这种分析，港丽酒店决定将目标市场初步定位为五星级的商务酒店。但正当港丽酒店准备投入正式运行时，却遇到了外部环境的急剧变化，其主要原因是海湾战争的爆发和美国经济的衰退，引起许多大企业纷纷削减商务活动费用，使港丽酒店的经营活动受到了不利的影响。为了扭转这种被动局面，树立港丽商务酒店的形象，港丽酒店不得不采取一系列的促销措施，如推出了 40% 的促销折扣，大规模在世界性杂志刊登广告，成立了 18 个业务开发小组。经过精心组织实施，这些促销措施收到了显著成效。与此同时，港丽酒店又针对环境的变化和自身的特点进行了重新定位。因为随着商务旅客的减少，港丽酒店很难将其他五星级酒店中的客户吸引过来，更不可能将四星级酒店的客户提升到五星级酒店中来。因此，将酒店定位于五星级酒店将面临较大的困难，但港丽酒店经过分析之后认为，自己的产品和服务已经被市场接受，各项服务设施正逐渐步入轨道，当务之急是如何尽快建立起港丽的名气，基于这样的考虑，港丽酒店决定将自己的目标市场定位在五星级与四星级之间，即酒店以四星级的价格提供五星级的服务。这样，港丽酒店在价格上低于五星级酒店，在服务上又高于四星级酒店，所以很好地够弥补这两种酒店之间的差距，并产生了服务上的“牵引”效应与价格上的“拉拽”效应，即通过高品质服务将五星级酒店中的客户“牵引”过来，通过价格上的优势将四星级酒店中的客户“拉拽”过来。这种市场定位，既满足了五星级客户对服务的需要，又满足了四星级客户对价格的需求。

（资料来源：徐桥猛、李丽，《酒店管理经典案例分析》，广东经济出版社 2007 年版）

请阅读本案例，通过小组讨论和个人思考回答问题：

1. 香港港丽酒店成功的重要原因是什么？

2. 如果港丽酒店初期定位为五星级酒店，采取同样的促销手段能否发挥作用？

任务四　旅游商品

一、旅游商品的概念

旅游商品又称旅游购物品，是旅游目的地向旅游者提供的富有特色，对旅游者具有强烈吸引力，具有纪念性、艺术性，满足旅游者纪念、馈赠、炫耀、收藏、生活等方面需要的物质产品。它一般具有以下特点。

（一）纪念性

纪念性是旅游者对旅游商品的最基本要求。旅游者在异国他乡旅游，往往怀有猎奇心理，每到一地或旅游结束时，总希望购买一些能反映旅游地文化古迹、风土人情的纪念品，或留作自用，可以睹物思情，唤起自己美好的回忆；或馈赠亲友，使其仿佛身临其境。旅游商品原则上要求就地取材，就地生产，就地销售。

（二）针对性

旅游商品，从总体上来看，是旅游目的地为了满足远道而来进行观光、游览或其他活动的旅游者的购物需要，而生产和经营的具有民族和游览地特色的物质产品。因此，旅游商品的销售对象主要是旅游者，具有明显的针对性。

（三）艺术性

旅游商品的艺术性，就是要利用传统工艺充分体现商品的民族风情和地方特色，并与当地景观、文化传统巧妙融合，使商品显得新颖奇特、美观别致，具有艺术欣赏价值，给人以美的享受。

（四）礼品性

礼品性是指一件精美的旅游商品不仅能给人带来美的享受，而且能够使旅游者显示出自己的经历、身份等。因此，当他完成一次旅游活动，把旅游商品带回常住地馈赠亲朋好友时，受礼者也会感到荣幸。而且，旅游者在旅游地停留的时间是短暂的，不可能花太多的购物时间对商品进行仔细比较，且所购物品中的相当部分是用来馈赠亲友的，故而小巧玲珑、包装精美的旅游商品对旅游者具有很大的吸引力。

二、旅游商品的分类

根据旅游者购买的实际用途情况，可将旅游商品分为以下六类。

（一）旅游工艺品

旅游工艺品是指旅游者在旅游活动中购买的富有当地民族地域特色，具有工艺性、礼仪性、实用性和纪念意义的以物质形态存在的商品。如陶瓷、刺绣、织棉、染织、地毯、雕塑、玩具、金属工艺、编织工艺等品种，历史悠久，技艺精湛。

（二）旅游纪念品

旅游纪念品是游客在旅游过程中购买的精巧便携、以旅游景点的文化古迹或自然风光为题材，利用当地特有的原料，体现当地传统工艺和风格，富有纪念意义的小型纪念品。这种类型的旅游商品一般样式精美，往往标上产地地名，或利用产地的人地事物特征作商标。其价格不会太高，便于馈赠，也可留作纪念，给旅游者带来美好的回忆。如各种旅游纪念章、景区风景明信片、宣传画等。

（三）文物及仿制品

文物及仿制品主要指国家允许出口的古玩和历史文物、书画、碑刻、拓片、仿古书画、古董复制品、古籍影印本、出土文物复制品、文房四宝等。它们既具有历史、艺术和科学价值，又具有教育和纪念意义。

（四）土特产品

这类旅游商品种类丰富，极具地方特色，是旅游者必买商品之一。它既可以作为礼品馈赠又可以自用。如有地方特色的名酒、名茶、风味小吃、药材和其他农副产品等。

（五）旅游食品和日用品

旅游食品和日用品是指旅游者在旅游活动中购买的食品饮料和具有实用价值的旅游小商品。如雨伞、拐杖、旅游鞋、太阳帽、防晒霜、雨衣、地图、箱包等。

（六）其他旅游商品

其他旅游商品指各种珠宝、金银、玉石等首饰，以及机场的免税商店里出售的来自世界各地的特色商品。如日本的家用电器和摄影器材、法国的化妆品、意大利的皮革制品、瑞士的钟表等。

三、旅游商品的作用

（一）满足旅游者的购物需求，形成旅游资源

旅游购物实质上是旅游活动的延伸和物化，不论是国际旅游者还是国内旅游者，都希望能购买到一些满意的旅游商品。一方面，旅游商品可以被永久性保存，供自己和他人欣赏，旅游者可以借此回忆在旅游地

旅游过程中的美好旅程；另一方面，他们把购买的旅游商品馈赠给亲友，无形中起到了广告宣传的作用，成为更多游客来旅游目的地的诱因。此外，旅游商品可转化为旅游资源，当购买旅游商品成为旅游者主要的旅游目的时，旅游商品就成了旅游资源。如香港被称为“购物天堂”，到香港的许多旅游团都是专门的购物团。浙江义乌专门推出的购物游，凭借别人无可比拟的价格、款式和服务等优势，将本处于从属地位的旅游商品变成主要的旅游吸引物。

（二）有助于旅游业经济效益的提高，增加出口创汇

国际游客购买、消费旅游商品对目的地国（地区）而言是一种“就地出口”。这种“就地出口”同外贸出口相比，有四个好处：一是换汇成本低；二是减少商业利润外流（外贸出口商品需经过多次流通中的转手和长途运输才能进入国际市场，其商品利润多为外国中间商所得，而经营旅游商品则是就地出口，商业利润为当地所得）；三是减少部分包装运输费用；四是风险性较小，不存在关税壁垒、反倾销等问题。

（三）弘扬国家或地区的文化艺术，增强旅游地形象宣传

旅游商品是旅游地形象的体现和载体，代表当地的文化品格。同时，它还是一种文化传播的载体，是旅游景点走向异地旅游市场的重要媒介，在一定程度上也是地方人文精神和地域文化的代表。旅游商品随着旅游消费者流传到各地，对旅游地起到宣传作用，扩大了旅游地的影响。如迪士尼乐园，它通过各种象征性的玩具、影视作品等来宣传主题公园的文化。

（四）扩大就业机会，促进产业结构调整

旅游商品的生产和经营属于典型的劳动密集型行业，能够容纳大量的劳动力。旅游商品的发展，必然会刺激我国农业、食品工业、手工业、包装工业和商业等适合我国国情的经济部门的发展，为我国产业结构调整开辟一条新的途径。

知识链接

"大熊猫"邂逅"眉山竹"联通世界缔结友谊

当翠绿鲜美的竹子遇上憨态可掬的熊猫，呈现在大家脑海中的，想必是一幅"熊猫品竹图"。11 月 3 日，2020 中国国际竹产业交易博览会·首届数字国际熊猫节在四川省眉山市青神县开幕。此次中国国际竹产业交易博览会，以"竹子联通世界"为主题，而首届数字国际熊猫节，则以"熊猫的世界，世界的熊猫——为了自然本来的样子"为主题。竹与熊猫超强"组合"，惊艳亮相，联通世界，缔结友谊。

竹博会上，竹灯罩、竹家具、竹挎包、竹编字画等各类竹产品让嘉宾们惊叹不已。

竹产品展示展销是竹博会的重要内容之一。此次设置的 300 个国际标准展位，面积达 1.3 万平方米。近 300 家参展企业、1 000 家采购商参与，集中展示各类竹产品，以及竹产业研发、装备、康养等产业，以国际化视野、专业化水平，打造具有全球影响力的竹产业交易博览会。

此次展会共设置十大展区，除国际竹产品创意设计大赛展区、眉山展区、家具场景展示区、舒适家居展区等展区外，2020 年，在成渝地区双城经济圈建设的背景下，竹博会首设成渝地区双城经济圈展区，供成都、重庆两地的参展商摆展。

展览中，四川省满竹里科技有限公司董事长邹松为嘉宾展示公司开发的竹纤维旅游产品。这款产品不久前在 2020 四川特色旅游商品评选活动中获得了金奖。"之前，我们的重心主要集中在满足定制生产上，但从今年开始，我们把重心放在创意设计、新品研发和渠道构建上。"展望未来，邹松充满了信心。

"我们将通过坚持举办会节打造平台，引导企业加强产品创新研发和科技支持，健全产业链条等，挖掘国内市场潜力，提升青神竹产业竞争力。"青神县竹编产业园区管委会余主任说。

本届博览会拟签约项目27个，其中产业投资类项目16个、合作经贸类项目8个、合作机制类项目3个，总金额达193亿元。

开幕式上，“立白智能家居·绿色日化产业园项目”“快手短视频直播文化产业园项目”等4个项目进行了现场签约。

在当天下午进行的2020中国国际竹产业交易博览会招商推介会·中国竹产业高端峰会上，“青神县竹里萤光文化园项目”“青神竹家具生产项目”“四川师范大学竹艺创新创业实践基地项目”等5个项目也进行了现场签约。

“青神县竹产业的招商方向主要是竹制品加工类、竹全价利用类、竹旅融合发展类，其他产业也欢迎各位前来咨询了解。”青神县刘县长向与会嘉宾热情推荐青神。

四川农业大学风景园林学院院长、教授陈其兵围绕最美竹林风景线文旅康养融合创新发表了自己的观点：“竹文旅康养的核心理念应该是竹林、文化、康养、旅游四要素的有机结合。”“眉山在这方面有很好的基础，可以在这四要素上继续深挖，做出特色。”目前，他的团队已经在竹资源丰富地区展开了这四要素融合打造的实践。

（资料来源：《“大熊猫”邂逅“眉山竹”联通世界缔结友谊》，眉山日报，2020-11-04）

研学知识

一行二十三人的新加坡旅行团在D市由地陪王小姐负责接待。午后参观某寺后，王小姐向大家介绍本地一家新开业的珍珠馆，她说：“店主是我好友，保证价廉物美。”在珍珠馆，一位姓张的女士对标价5 000元的珍珠项链感兴趣，王小姐立即主动介绍识别真假珍珠的方法，并为其讨价还价，最终以800元成交。下午4点，旅行团游览某景点，因景点即将关门，大家匆匆摄影留纪念后即离去，在返回饭店途中，数名男士提出去书店购买中国地图，几位女士则希望购买中国烹饪书籍。王小姐表示可以安排，次日出发前，张女士手持昨天所购买项链，要求王小姐帮其退换，说："一位内行人认定它为残次品。"王小姐表示不能退换，上午参观结束后，她又带全团去一家定点工艺品商店，许多人不感兴趣，只在车内坐着。王小姐恳求说："大家帮帮忙，不买东西没有关系，进店逛一圈也可以。"于是，一些旅客极不情愿地下车进店。下午1点30分，赴机场途中，数名旅游者又提起购书一事，王小姐说："没时间了。"一周后，旅行社接到新加坡组团社发来的传真，声明该社今后若有团队赴D市，不能再由王小姐带团。

（资料来源：《导游实务案例分析》，百度文库）

请阅读本案例，通过小组讨论和个人思考回答问题：

王小姐在接待该团过程中做错了哪些事？应该如何正确处理？

巩固练习

一、名词解释

旅行社　　旅游交通

旅游饭店　　旅游商品

二、简答题

1. 旅行社的性质是什么？
2. 旅行社的职能有哪些？
3. 旅游交通的地位和作用有哪些？
4. 简述旅游饭店的发展历程。
5. 旅游商品的作用是什么？

三、实训题

1. 请以小组为单位，调查当地的一家旅行社，了解它的经营范围、基本业务。

2. 请为你的家乡设计一款旅游商品，既塑造家乡的旅游形象，又同时满足旅游者的需求。

项目五

旅游市场

项目导读

追凉玩耍 潜力巨大 避暑旅游亟待升级

“哪儿凉快哪儿待着去”，越来越多的城乡居民和游客纷纷开启多样的避暑旅游模式。在2019中国（长春）避暑旅游产业峰会上，中国旅游研究院、中国气象局公共气象服务中心共同发布了《2019中国避暑旅游产业发展报告》（以下简称《报告》）。《报告》指出，中国避暑经济蓬勃发展，避暑旅游市场持续火爆、避暑旅游供给丰富多彩、避暑旅游综合效益明显提升。

全球最大的避暑旅游市场在中国。中国旅游研究院院长戴斌介绍，2018年暑期旅游的10亿人次中，避暑游占一半左右，约5亿人次，按人均消费1 000元计，有5 000亿元市场的规模。2019年避暑旅游市场需求进一步增加。夏季消暑首选旅游或有较强意愿出游的比例达到84.5%，传统“火炉”城市计划暑期出游的受访者占比达到93.66%，较去年高出约10个百分点。

游客在选择避暑旅游目的地时，最关注的是气候的适宜、避暑资源的吸引力和旅游配套设施的完善。避暑游客对“山水”情有独钟，水上乐园、登山、攀岩、露营、漂流、探险、户外拓展等避暑游产品深受游客喜爱。值得注意的是，日常生活的便利性是选择较长时间避暑的旅居群体的关注热点。盛夏时节，人们关注养生，选择恰当的避暑方式来养生也是很多人避暑游的动机。调查显示，94.1%的受访者认为避暑游有利于夏季养生。

峰会上发布了避暑城市排行榜，吉林省长春市、贵州省贵阳市、贵州省六盘水市、云南省丽江市、青海省西宁市、内蒙古自治区阿尔山市、吉林省抚松县、吉林省敦化市、贵州省西秀区、贵州省普安县入选 2019 年“避暑旅游十佳城市”。

（资料来源：赵珊，《追凉玩耍 潜力巨大 避暑旅游亟待升》，人民日报海外版，2019-06-28）

展现冰雪魅力 繁荣旅游市场

为进一步激发冰雪旅游市场活力，各地纷纷推出冰雪旅游惠民季活动，吸引游客体验，推动冰雪旅游市场持续升温。

2020 年 11 月，哈尔滨市发放了 4 800 万元冰雪旅游消费补贴，让游客享受酒店住宿、景区门票、旅游线路等优惠。同时，黑龙江省亚布力体育训练基地、新亚布力滑雪场、亚布力阳光度假村滑雪场 3 个主要滑雪场实现了统一闸机及计费系统，让游客“一卡在手、畅滑三山”。

在内蒙古牙克石，2021 年 1 月 1 日至 1 月 31 日期间，游客可免费进入凤凰山旅游度假区等景区景点，观赏雪谷广场雪雕、喜桂图公园冰雕等景观。同时，凤凰山冰雪运动一日游、“中国冰雪之都”牙克石精品一日游、凤凰山二日游等精品旅游线路均半价优惠。

新疆阿勒泰地区文化体育广播电视和旅游局副局长聂萍介绍，目前推出的冬春季冰雪旅游优惠措施包括当地所有营业的 A 级景区免门票，还包括包机、专列、自驾等奖励措施，冰雪研学游奖补措施以及酒店餐饮特产优惠等。“喀纳斯景区的风景很美，今年推出了很多优惠措施，景区都免门票了，一路游玩省了不少钱。”外地游客张某说。

2021 年 1 月 18 日，吉林省总工会推出“冰雪季 · 惠职工”活动，安排 1 000 万元专项资金，将 49 家景区、温泉、滑雪场、冰雪乐园列为此次活动的定点服务单位，通过普惠全省工会会员的方式，引领更多职工上冰雪、爱冰雪。

（资料来源：《展现冰雪魅力 繁荣旅游市场——写在北京 2022 年冬奥会开幕倒计时一周年之际》，中国旅游报，2021-02-04）

启示：随着旅游业的蓬勃发展，旅游市场的规模在不断扩大，人们的旅游方式也变得越来越多样化。简单的观光旅游已不能满足人们日益增长的个性化旅游需求，旅游市场细分化、线路产品多样化乃大势所趋。

任务一　旅游市场的概念

一、旅游市场

作为市场的一个组成部分，旅游市场与一般意义上的市场并无本质区别。其定义有广义和狭义之分。

广义的旅游市场是指旅游产品交换过程中所反映的各种经济现象和经济关系的总和。它不仅限制为旅游产品交换的场所，而且涉及一定范围内旅游产品交换中供求之间的各种关系，正是供需双方的矛盾运动推动着旅游经济活动的发展。

狭义的旅游市场是指一定时期内，某地区存在的对旅游商品具有支付能力的现实和潜在的购买者，简言之，狭义的旅游市场就是旅游需求市场或旅游客源市场。

二、旅游市场的构成要素

从狭义的旅游市场概念出发，旅游市场由旅游者、旅游购买力、旅游购买欲望和旅游购买权利四个要素构成。

1．旅游者

旅游者是旅游市场的主体。旅游市场的规模大小取决于该市场上人口数量的多少。若一个地区的总人口数多，对旅游产品的需求就大，那么相应的潜在旅游者人数则较多。

2．旅游购买力

旅游购买力是指旅游者用于购买旅游产品的消费能力。它由旅游者收入水平所决定。旅游是一种具有文化享受性的高消费产品，只有当旅游者的收入水平达到一定程度时，旅游者才有可能进行消费，旅游者的购买力水平通常由一个国家和地区的人均国民收入、居民的恩格尔系数、可自由支配收入的因素决定。

3．旅游购买欲望

旅游购买欲望是旅游者受各种因素驱动而产生的对旅游产品的购买动机和购买欲望，是驱使人们外出旅游的内在动力。若有购买动机和购买欲望，同时在时间金钱等客观条件都具备的情况之下，会把潜在购买力变成现实购买力；若没有购买动机和购买欲望，即使有购买力也不能形成旅游市场。

4．旅游购买权利

旅游市场大小还取决于人们购买旅游产品的权利。旅游购买权利是指旅游者在购买某种旅游产品时，是否受到法律制度、政治等因素的限制，如果受到限制，旅游者对这种产品就不具备购买权利。如旅游目的地和客源地之间的政治和外交关系，国际旅游中的护照签证货币兑换等问题，都会对旅游者的购买权利构成障碍。

以上四个要素是旅游市场的必备条件，它们相互制约、缺一不可，共同构成了旅游市场。

三、旅游市场的特点

1．全球性

随着经济全球化的发展，旅游市场也逐步发展成为全球性的市场，具体表现在两个方面：全球化的旅游需求和全球化的旅游供给。在国际政治的条件许可的情况下，旅游消费者对产品的选择有全球性的自由，不受地域、政治、民族等限制。这向所有旅游市场营销者提出了两个方面的要求：一是必须及时和比较全面地了解国际旅游市场发展的趋势、规律和特点，做出较准确的研判；二是立足自身实际条件，着眼国际旅游市场需求和要求，设计、打造和宣传国际化的产品和服务。

2．季节性

旅游市场具有明显的淡旺季之分，主要受旅游资源季节性和旅游者闲暇时间等因素的影响。一是受自然条件和社会条件的制约，旅游资源在不同的季节表现出的旅游价值和可进入性不同，旅游者一般会选择旅游资源价值和可进入性比较高的时候前往旅游目的地。例如，洛阳的牡丹只有在春季花开时才能吸引大量的游客前往参观游览；对于北方一些山地景区，冬季由于大雪封山，难以进入，成为我国北方山地景区的旅游淡季，相反，对于一些以滑雪为主的景区来说，冬季便成为旅游旺季。二是旅游者受闲暇时间等因素的影响，会集中外出旅游。例如，我国国内旅游市场的“五一”劳动节、“十一”国庆节和春节成为旺季，许多热门旅游目的地的交通、景区、酒店在此期间过度饱和。旅游市场季节性的特点，给旅游经济者带来很多困难，这就要求旅游经营者应采取多种措施，努力开发淡季旅游市场，调节旅游客流量，使旅游业协调发展。

3．波动性

旅游作为一种综合性的社会经济现象，它影响和被影响的因素几乎涉及整个社会的方方面面。一方面，从旅游市场发展的规律来看，整个世界旅游市场保持着持续发展的趋势，这种平稳向上发展的趋势是不会轻易改变的；另一方面，旅游市场又容易受法律政策、经济发展、政治局势、环境气候等因素的影响，表现出强烈的波动性特点。例如，2020 年受新冠肺炎疫情的影响，全世界的出境旅游市场处于瘫痪局面。因此，旅游市场较强的波动性特点要求，旅游经营者或生产者应当加强对大环境的了解和分析，尤其是政治、经济和文化发展三个方面，及时发现其变化给旅游市场带来的影响，提前研判，及时应对。

4．竞争性

旅游市场的竞争性特点主要表现为：

（1）旅游投资和经营主体的多元化，在旅游业发展的宏观环境不断优化的大背景下，国有、民间和外商资本正在迅速涌入旅游业，带动了人才、智力、理念、模式、方法、科学技术等方面的全面提升和竞争。

（2）旅游经营者对旅游资源的争夺，从自然资源、人文资源到社会资源，只要是可能吸引游客的资源，都在被经营者争夺。

（3）旅游业态种类不断丰富、内容不断拓展。旅游市场的竞争从主体到内容、方式都在不断聚变。随着旅游市场竞争越来越激烈，旅游经营者要充分认识自身的特点，分析旅游环境，选择自己的目标市场，确立经营战略和策略，才能在竞争中立于不败之地。

知识链接

年终经济观察：2021 年中国旅游业或现三大变化

2020 年，突如其来的新冠肺炎疫情令社会流动近乎停滞，旅游业遭遇“冰封”。下半年，随着疫情得到有效控制，中国旅游业逐步回暖，但出入境旅游依旧处于寒冬。

2021 年中国旅游业向何处去？疫情防控常态化下，旅游业如何发展？

搏一个“V”字

纵观全球，旅游业是受疫情冲击最严重的行业之一。疫情发生以来，中国国内游和出境游出现断崖式下滑。数据显示，2020 年上半年，中国国内游客约 12 亿人次，同比下降 62%；而出境游客仅 50 万人次，同比跌幅达 78%。

以中国大型在线旅行服务公司携程为例，2020 年初暴发新冠肺炎疫情以来，携程累计退订数千万订单，涉及金额超 310 亿元（人民币，下同）。

为了“挽救”携程，一向以理性、果断等形象示人的携程董事局主席、北京大学光华管理学院教授梁建章放弃西装革履，亲自下场扮成各路角色，直播带货。这让网民一度感叹“梁建章悲壮、旅游业艰难”。

在携程、去哪儿网等大型旅游服务平台勉强度日之际，已有很多中小型旅游企业倒在了行业的“寒冬”里，大量旅游业从业人员处于待业状态。

目前中国处于疫情防控的常态化阶段。进入 5 月份，久违的人间烟火回归，更多民众选择出去走走，感受春暖花开。

中国国内旅游已基本恢复到疫情暴发前水平。但限于国外疫情持续蔓延及国内疫情防控需要，中国出入境旅游复苏尚待时日。

截至 10 月份，2020 年中国国内航线旅客数量达到 4 800 万人次，占到 2019 年同期客流量的 98%。中国旅游研究院预计，2020 年下半年旅游业收入将达到 2.12 万亿元，较上半年增长 231%。中国旅游业在 2020 年走出一个“V”字形。

梁建章表示，虽说出境业务受到很大影响，但是受疫情影响的一两年空缺，反而是国内旅游发展非常好的机遇。携程将深耕国内，心怀国际。“我们会做好准备，未来以更强势的姿态出现在国际旅游业舞台上。”

新态势初显

市场研究机构埃森哲针对全球旅游市场设定了“强劲复苏”“疫市共存”“市场低迷”“至暗时刻”四种发展情境。

考虑到中国国内旅游市场回暖，埃森哲预计，中国旅游业不会出现“至暗时刻”。对国内旅游业而言，未来更可能呈现“强劲复苏”或“疫市共存”。但由于疫情在全球范围尚未得到控制，国际旅游市场波动仍会持续。

（资料来源：王庆凯，《年终经济观察：2021 年中国旅游业或现三大变化》，中国新闻社，2020-12-31）

任务二　旅游市场的划分

由于旅游者之间的需求存在着广泛的差异，企业生产能力也有很大的局限性，所以，没有任何一个企业能占据整个旅游市场，生产出能够满足所有旅游者需求的旅游产品。因此，对旅游市场进行划分就显得很重要，既有利于旅游企业发现市场机会，找准目标市场并迅速占领市场，又为其制定科学的营销策略提供了必要的依据。一般情况下，我们可以从地域、国境、旅游目的地、消费水平及旅游组织形式等不同的角度，划分出不同类型的旅游市场。

一、旅游市场的分类

（一）按地域划分

世界旅游组织根据全球各地理、经济、文化、交通、旅游者流向及流量等方面发展情况，对旅游者的来源地或国家进行分析，将世界旅游市场划分为欧洲、美洲、东亚及太平洋地区、非洲、中东和南亚六大区域性旅游市场。

现代旅游业发源于欧美、北美，西欧国家发达的经济、便捷的交通、不断简化的手续，使欧美地区无论在入境旅游人数还是出境旅游人数方面，长期以来都高居世界榜首。1960 年，欧洲接待的国际旅游者占全球总额的 72.6%，美洲接待的国际旅游者占全球总额的 24.1%，两者合计占当时全球总额的 96.7%，可以说是绝对垄断了当时的国际旅游市场。这一年，东亚及太平洋地区仅接待国际旅游者 68 万人次，只占全球总额的 1%。到 1997 年，欧洲接待的国际旅游者人数占全球的份额下降到 58.9%，美洲接待的国际旅游者人数占全球的份额下降到 19.9%，东亚及太平洋地区接待的国际旅游者人数占全球的份额猛增到 18.4%。2004 年，这种趋势进一步发展，东亚及太平洋地区接待国际旅游者人数占全球份额的 20%，超越美洲成为世界第二大旅游区。东亚及太平洋地区在世界旅游业中地位的大幅度提升得益于本地区各国都普遍重视旅游业的发展，其中以我国旅游业的发展最为迅猛、贡献最大。目前，我国已经成为全球最大的旅游客源输出国。

（二）按国境划分

按国境的不同，旅游市场一般可分为国际旅游市场和国内旅游市场。

1．国际旅游市场

国际旅游市场是指旅游活动超出国境线范围的市场。它还可以进一步划分为外国旅游者到本国各地的入境旅游市场和组织本国居民前往外国或地区旅游的出境旅游市场。入境旅游活动是旅游目的地国家或地区赚取外汇、促进本国或本地区经济发展的重要途径之一，所以世界上许多经济比较落后、大多数居民不具备出境旅游支付能力且国内旅游市场尚不成熟的发展中国家，都采取了“优先发展入境旅游业，其次发展国内旅游业，最后带动出境旅游业”的政策。

2．国内旅游市场

国内旅游市场是指本国居民在国境线范围内进行旅游的市场。它在满足本国居民的物质生活和精神生活需要、促进国内经济流通和货币回笼等方面起着日益重要的作用。本国居民的生活水平越高，国内旅游市场越繁荣。我国的国内旅游起步于 20 世纪 80 年代中期，90 年代得到高速发展，特别是“十一”长假制度实行以来，居民的旅游兴趣越来越浓，对旅游产品的需求也越来越多，从初期的自然、文化观光旅游产品，发展到休闲度假、工业科技、农业生态等专项旅游产品。我国近 11 年国内旅游的情况统计见表 5-1。

表 5-1　我国近 11 年国内旅游人数与收入情况统计

年份	国内旅游人数/亿人次	国内旅游收入/万亿元
2010	21.03	1.23
2011	26.41	1.93
2012	29.57	2.27
2013	32.62	2.63
2014	36.10	3.00
2015	40.00	3.42
2016	44.40	3.94
2017	50.01	4.57
2018	55.39	5.97
2019	60.06	6.63
2020[①]	28.79	2.23

① 注：由于受到新冠肺炎疫情的影响，2020 年我国国内旅游人数和旅游收入均大幅度降低。

（三）按旅游目的划分

按旅游目的划分旅游市场是一种基本的方法，它为旅游产品的开发设计和营销组合策略的制定提供了依据。采用这种方法，旅游市场可细分为以下四类。

1．观光旅游市场

观光旅游市场的旅游者主要以观光、游览为目的，到本国或异国观赏自然风光、奇峰异景、名胜古迹，了解各地的风俗习惯、民族风情，陶冶性情和增长知识。

2．度假旅游市场

度假旅游市场的规模很大。度假旅游者的主要目的是休养生息，最大的需求是健康与娱乐。度假旅游者的停留时间长，重复旅游者所占比例较大。

3．会议、商务旅游市场

会议旅游市场的特点是游客的身份较高、购买力强、停留时间长、旅游收益大。会议旅游者出行的目的是参加学术交流或进行某些业务往来，对住宿、饮食条件的要求高。商务旅游市场的游客需要豪华的住宿条件和优质的服务，消费水平也很高。会议、商务旅游者往往会在工作之余参与观光旅游活动。

4．探亲访友旅游市场

这一市场的旅游者主要以探亲访友或寻根问祖为目的。探亲访友的旅游者并不在意住宿的条件和菜肴的味道，一般停留时间较长，对价格较敏感。

除以上几类旅游市场外，还有其后发展起来的奖励旅游市场、探险旅游市场、体育旅游市场、保健旅游市场、美食旅游市场、修学旅游市场等。

（四）按消费水平划分

按旅游者的实际消费水平不同，可将旅游市场划分为高档、中档和经济旅游市场。在现实生活中，由于受人们的收入、职业、年龄和社会地位等多种因素的影响，人们的旅游需求和消费水平会呈现出很大差别。

1. 高档旅游市场

通常，高档旅游市场的主体是少数社会上层人士，他们有丰厚的收入，不在乎价格，更注重旅游过程中的奢华物质享受和独特的精神追求，在满足旅游目的的同时也期望显示出与众不同的身份和地位，所以尽管高档旅游市场的规模有限，但其高额消费支出对经营者具有很大的吸引力。

2. 中端旅游市场

中端旅游市场的主体是固定的中等收入群体，他们既注重旅游活动的内容和质量，又注重产品的价格。

3. 经济旅游市场

经济旅游市场主要是针对较低收入的人群，他们更注重价格的高低。因此，旅游经营者要根据自身的条件，科学合理地进行市场定位，吸引更多的旅游者。

（五）按旅游组织形式划分

根据旅游组织形式的不同，旅游市场可划分为团体旅游市场和散客旅游市场。

1. 团体旅游市场

团体旅游市场一般是指人数在 10 人以上、以包价或小包价形式在出行前向旅行社买既定旅游线路（产品）的旅游者群体。旅行社按照旅游者的需要向各单项旅游产品生者，如交通企业、住宿企业等采购单项旅游产品，组合后整体销售给旅游者。

2. 散客旅游市场

散客旅游市场是指单个或自愿结伴的旅游者，按照兴趣、爱好自主进行旅游活动，自主选择各种单项旅游产品的旅游者群体。散客旅游者可以自行安排活动时间和内容，委托旅行社购买某方面的单项旅游产品（如要求旅行社代订往返交通票、代办签证、代办异地订房或提供导游服务等），或自行直接向旅游供应商购买各种单项旅游产品。

除了上述旅游市场的分类外，我们还可以从其他角度来划分旅游市场，如根据季节划分的淡、旺季旅游市场，根据年龄划分的老年、中年、青少年旅游市场，根据国别划分的不同的客源国市场等。

知识链接

激发老年旅游市场活力重在提升品质

11月以来，秋冬错峰游兴起，“银发族”成为出游主力。近年来，随着消费升级的加快，我国旅游市场持续发展，老年游成为新的增长点，老年游这一细分市场也正在受到越来越多企业的重视。

随着老年人口的持续增加和消费能力释放，中国老年游市场将迎来更大的发展机遇。我国60岁及以上的老年人已超2.5亿人，占总人口的比重超过18%，老龄化趋势的加快带动了社会消费结构的巨大变化，激发出新的产业动能。根据国家老龄办和艾媒咨询发布的调查数据，2016年至今，我国中老年人旅游消费年均增速达23%，预计2021年将超7 000亿元。

老年人拥有大量可自由支配的时间，旅游成为很多老年人日常生活的主要内容。“银发旅游”正成为旅游市场的基石，蕴含巨大的市场机遇。但也要看到，目前市场上专门针对老年游客的旅游产品还不够丰富，商业模式比较单一，针对老年游客的便利乘车、门票优惠等政策措施还不到位，医疗服务、适老化配套设施还不够完善；一些针对中老年游客的“低价团”等欺诈事件时有发生，老年人的旅游消费需求远未得到满足，让老年人更好享受旅游生活，仍有不少问题亟待解决。

首先，要开发拓展“银发旅游”市场。各地各部门应深化旅游业供给侧结构性改革，创新老年旅游产品体系，增加符合老年人特征的个性化产品和服务有效供给。要注重老年旅游的休闲、保健、康复等附加功能，多开发以医疗为主要目的的养生保健游、符合老年人兴趣与爱好的文化旅游等产品，让老人享受美好的旅游生活。根据老年人特点，推出更具特色的项目，在路线安排、行车住宿等方面体现更多人文关怀，进一步提高旅游服务的专业化水平，在食、住、行、游、购、娱等方面满足老年人的特殊需求，增强“银发旅游”的幸福感。

其次，要大力规范老年旅游市场。老年人正成为旅游消费的生力军，相关部门要引导老年游客树立正确的消费理念和生活方式，抵制“不合理低价游”。加强旅游市场监管，大力规范、净化旅游市场，规范旅游养老产业和涉老旅游业，严厉打击价格欺诈、强迫购物、擅自改变行程等侵害老年旅游者权益的行为。

相关部门和旅游行业应在提高老年旅游休闲生活品质上做文章，充分激发“银发旅游”市场活力，让老年人在享受自然山水、感受人文景观的过程中不断提升获得感、幸福感、安全感。

（资料来源：潘铎印，《激发老年旅游市场活力重在提升品质》，中国旅游报，2020-12-23）

任务三　我国旅游市场

一、我国的国际旅游市场

（一）入境旅游市场

我国旅游业是从优先发展入境旅游市场的模式起步的。改革开放以来，我国的入境旅游市场规模持续扩大，入境旅游收入不断增加，旅游业成为我国经济发展中新的增长点。统计数据显示，2019 年全年国内旅游人数 60.06 亿人次，同比增长 8.4%，入境旅游人数 14 531 万人次，同比增长 2.9%，出境旅游人数 15 463 万人次，同比增长 3.3%，全年旅游总收入 6.63 万亿元，同比增长 11.1%。

1．入境旅游流的运动规律

我国入境旅游流的运动规律主要表现为：

（1）入境旅游流在流向上明显受地理位置、经济条件和文化差异等因素的影响。首先，从客源地所处的地理位置和经济条件上看，客源地相对集中，客源市场分化明显。我国历年来所接待的入境旅游者，一方面主要集中在韩国、日本等与我国距离较近的国家；另一方面受客源地经济发展水平的影响，在旅游流的流量上差别较大。其次，从旅游者的旅游偏好上看，入境旅游者对以中华文化为背景的旅游景观尤其感兴趣，适当的文化差异成为吸引入境旅游者的重要因素，而与我国文化基本同质的客源地的旅游者对自然景观的兴趣更浓。旅游偏好决定了北京、西安、苏州、杭州等历史文化名城和张家界、桂林、九寨沟等以自然景观著称的旅游目的地成为入境旅游流的重要流向地。

（2）从入境旅游流运动的时间上看，一方面，入境旅游流具有明显的季节性，如欧美地区旅游流在圣诞节前后比较集中，而中国港澳台地区旅游流则在春节期间达到高峰；另一方面，入境旅游流的停留时间差别较大，欧美地区旅游流的停留时间相对较长，而中国港澳台地区旅游流的停留时间相对较短。

2．主要入境旅游客源市场

以 2017 年为例，按入境旅游人数排序，我国主要客源市场前 17 位的国家分别为：缅甸、越南、韩国、日本、俄罗斯、美国、蒙古国、马来西亚、菲律宾、新加坡、印度、加拿大、泰国、澳大利亚、印度尼西亚、德国、英国。下面将举例说明。

（1）韩国市场。

韩国与中国自 1992 年建交以来，两国在政治、经济、文化等方面的交流进入高速增长期。在韩国出境旅游目的地的排名中，中国 1990 年排在第 14 位，1994 年跃升为第 4 位，1995 年上升到第 3 位，1998 年上升到第 2 位，2001 年中国取代日本，成为韩国最大的旅游目的地国。2005 年，中国接待韩国旅游者 354.53 万人次，占全年接待外国旅游者总数的 17.5%。2016 年，中国接待韩国旅游者达 476 万人次，占全年接待外国旅游者总数的 16.9%。

（2）日本市场。

日本经济的迅速发展，使日本成为世界上人均 GDP 最高的国家之一，也为日本出国旅游市场的增长提供了坚实的经济基础。日本与我国地理位置邻近，也是我国主要的国际客源市场之一。1995 年，中国接待日本旅游者 130.5 万人次，占全年接待外国旅游者总数的 22%。2005 年，中国接待日本旅游者 333 万人次，占全年接待外国旅游者总数的 16.4%。2016 年，中国接待日本旅游者 258.74 万人次，占全年接待外国旅游者总收的 9.19%。

（3）俄罗斯市场。

20 世纪 90 年代以前，由于俄罗斯经济凋敝，出境旅游市场不容乐观。随着近年来俄罗斯经济的好转，加上中俄人民之间深厚的传统友谊、两国之间良好的国际关系及密切的地缘因素，俄罗斯逐步成长为我国主要的旅游客源国之一。2005 年，俄罗斯来华旅游人数达到 222 万人次，占我国全年接待外国旅游者总数的 11%，成为继韩国、日本之后的第三大客源国。近年来，俄罗斯来华旅游者人数有所减少。2016 年，中国接待俄罗斯旅游者 197.60 万人次，占全年接待外国旅游者总数的 7%。

（4）美国及北美市场。

美国作为经济大国，在国际旅游市场中占有举足轻重的地位。2002 年，中国接待美国旅游者 112 万人次，美国成为我国第四个入境旅游者人数超过百万的客源国。2005 年，中国接待美国旅游者 155.6 万人次，占全年接待外国旅游者总数 7.7%。2016 年，中国接待美国旅游者 224.78 万人次，占全年接待外国旅游者总数的 8%。今后较长的一段时间内，美国作为我国主要客源市场的地位不会改变，我国旅游企业须有计划、有组织地开拓美国市场，扩大市场的广度和深度，争取使美国客源市场获得进一步发展。除美国外，北美其他国家也是我国旅游业发展的重要依托。北美地区的人口规模、经济发展水平和人口受教育程度等条件，决定了该地区是世界上国际旅游的重要客源地。对我国而言，旅游企业应特别关注加拿大客源市场的发展。2005 年，中国接待加拿大旅游者 43 万人次，占全年接待外国旅游者总数的 2.1%。2016 年，中国接待加拿大旅游者 74.08 万人次，占全年接待外国旅游者总数的 2.63%。

（5）欧洲市场。

欧洲是世界上最大的经济共同体之一，一直是世界上主要的旅游客源地，其中德国、英国是我国的主要客源国。德国工业发达，人民生活水平较高，带薪假期较长，是目前世界上最大的客源国之一。2005 年，德国来华旅游者人数达 45.5 万人次，占全年接待外国旅游者总数的 2.2%。2016 年，中国接待德国旅游者 66.27 万人次，占全年接待外国旅游者总数的 2.21%。英国作为经济发达国家，近年来的旅游动向表明，越来越多的英国人改变在欧洲度假的习惯，转向远距离的旅游地。2005 年，英国来华旅游者人数达 50 万人次，占我国全年接待外国旅游者总数的 2.5%。2017 年，中国接待英国旅游者 59.2 万人次，占全年接待外国旅游者总数的 2.63%。

（6）东南亚市场。

20 世纪 80 年代以来，东南亚各国经济迅速发展，促进了出境旅游市场的发展，尤其是近距离的出境旅游。越南、缅甸、马来西亚、菲律宾、新加坡等国家成为东南亚来华旅游的主要客源国，是我国入境旅游市场中不可忽视的力量。2016 年，中国接待越南、缅甸、马来西亚、菲律宾、新加坡旅游者分别为 316.73 万人次、242.93 万人次、116.39 万人次、113.47 万人次、92.19 万人次。

（二）出境旅游市场

1. 出境旅游市场概述

中国的出境旅游始于 1984 年国务院正式批准赴港澳地区探亲旅游。随着我国经济的不断发展，人民生活水平的持续提高，加之政策环境的不断改善，中国出境旅游得到了快速发展。2017 年我国出境旅游人数 14 972 万人次，比上年同期增长 14.7%；2018 年为 14972 万人次，比上年同期增长 14.7%；2019 年为 15 463 万人次，比上年同期增长 3.3%，继续蝉联全球出境旅游人次世界冠军。

截至 2018 年 3 月，我国正式开展组团业务的出境旅游目的地国家（地区）达到 129 个，是世界重要的旅游客源国。《2020 中国出境旅游发展报告》显示，2019 年中国出境旅游保持平稳发展，既体现在发展速度上，也体现在目的地结构和客源地结构上。2019 年，我国的出境旅游市场仍然保持增长态势，规模达到 1.55 亿人次，相比 2018 年增长了 3.3%。2019 年，中国出境旅游市场的增长速度放缓，出境游客境外消费超过 1 338 亿美元，增速超过 2%。出境旅游的目的地结构依然保持稳定。2019 年，我国出境旅游目的地依然以亚洲为主，港澳台地区依然是最主要的目的地。总体来看，我国出境游客的结构占比中，赴港澳台游客占比高于出国游客的占比，但是这种差距正在逐渐缩小。我国出国游客的占比自 2014 年以来在不断提升。我国出境游在洲际目的地结构占比中，亚洲继续在洲际目的地中占据首位，之后依次为欧洲、美洲、大洋洲、非洲和其他地区。赴亚洲和欧洲的游客都有所增长。2019 年，中国（内地）出境旅游目的地前十五位依次为中国澳门、中国香港、越南、泰国、日本、韩国、缅甸、美国、中国台湾、新加坡、马来西亚、俄罗斯、柬埔寨、菲律宾和澳大利亚。2019 年，我国出境旅游市场的季节性变化依然明显，高峰集中，但是其高低峰值相较去年有所不同。2019 年的 1 月、5 月和 7 月是出境游的旺季，9 月、10 月和 11 月则是出境游的淡季。2018 年的出境游旺季出现在 7 月、8 月和 12 月，出境游淡季则出现在 5 月、6 月和 9 月。

在新冠肺炎疫情冲击下，2020 年的出境旅游发展基本停滞。自疫情暴发以来，海关总署、国家移民管理局等单位联合发布，建议各国民非必要不参与出入境旅游的建议，减少人员跨境流动。因此，出境旅游市场几乎处于停滞状态。2018 年、2019 年的 1—6 月份出境旅游人数的同比增长率皆为正数，而 2020 年的 1—6 月份出境旅游人数的同比增长率皆为负数。尽管 2020 年受到新冠肺炎疫情的冲击，我国国民经济依然保持了强劲的韧性和坚定的增长态势，这些表明我国出境旅游发展的经济支撑依然强固。

近年来，出境旅游目的地满意度保持着持续改善态势。即便在 2020 年疫情冲击下，有抱怨情绪的出境游客比例依然呈下降态势。其中有出境游客的宽容和理解，也有出境目的地提升竞争力的努力和付出。2019 年，出境游客出游时有抱怨情绪的占比为 31.66%，无抱怨情绪的游客占比为

68.34%。2020 上半年有抱怨情绪的出境游客占比 28.74%，无抱怨情绪的游客为 71.27%，总体而言，中国游客对出境旅行较为满意。

2．我国出境旅游市场发展特征

（1）起步较晚，发展速度快。

我国出境旅游起步较晚，但发展速度快。我国出境旅游市场规模持续增长，体现在我国公民出境旅游人次和国际旅游支出两个方面。1987 年，我国公民出境旅游仅为 32.85 万人次，到 2019 年增至 1.55 亿人次，这期间增长了 471.8 倍，人次由“万人次”跨入了“亿时代”。我国出境游客境外消费超过 1 338 亿美元，增速超过 2%。我国是世界 30 个最大旅游客源国中增长速度最快的国家之一，成为全球旅游业关注的焦点。目前，我国已成为世界第一大出境旅游客源市场与第一大出境旅游消费国，出境旅游人次数和消费总额均位列世界第一。

思考

我国出境旅游起步晚，但发展速度非常快，原因有哪些呢？

（2）出游率较低，区域差异大。

作为国民旅游的有机组成，中国出境旅游的快速增长得益于中国庞大人口基数所产生的巨大旅游需求。尽管出境市场规模渐创新高，但与中国的人口总量相比，中国公民出境旅游的出游率是较低的。1992 年，出境游客仅占到总人口的 0.25%；2019 年，出境旅游达到 1.55 亿人次，出游率有 11%。相比之下，1992 年日本出境市场占总人口的 9.49%，之后徘徊在 13% 上下。1992 年韩国出境市场占总人口的 4.68%，之后迅速提升，2011 年该数据达到 25.50%。美国的人口比例一直稳定在 20% 左右。俄罗斯在 2006 年之后超过 20%，近年来保持在 10% 的水平。因此，从出境市场的绝对量来看，中国出境市场的相对规模较低。我国的出境旅游人数是一个广义的概念，既包括因公出境，也包括因私出境，既涉及狭义旅游范畴的观光休闲，也囊括广义旅游范畴的商务会议。从统计的角度而言，它属于宽口径的统计方式，会在一定程度上放大出境旅游市场的实际规模，这意味着狭义的旅游范畴的出境游客相对规模与发达经济体的差距会进一步拉开。

（3）出境旅游多，出国旅游少。

受政治体制与发展历程等多种因素影响，我国出境旅游的活动形式包括“港澳台游”“边境游”和“出国旅游”三种类型。从历年的统计数据可以看到，在出境游目的地的选择上，有近 70% 的出境游客流向港澳台地区，仅有 30% 左右是出国旅游，意味着整个出境旅游的行为还是表现出以短途旅游为主的特点。而在出国旅游目的地中，泰国、日本、俄罗斯、韩国、美国、新加坡基本上是在前 10 名以内，越南、澳大利亚、印尼和马来西亚略有变动。2002—2017 年，中国公民普通护照签发量达 1.73 亿本，年均签发 1 080 万本，持有护照的人口超过 10%。然而，除去前往港澳台的内地游客，2018 年仅有 7 125 万人次出国旅游，海外旅游市场的潜力依然很大。也就是说，我国出境游大量游客流向港澳台地区，真正意义上的出国游客数量还是比较少的。赴港澳台游客与出国游客无论在出行距离、旅游目的、停留时间以及人均消费上均存在显著差异。地理位置的毗邻与经济联系的紧密决定了内地赴港澳台游客中以不过夜游客为主要构成。自 2009 年公安部出入境管理局批准了深圳居民到香港的一签多行的签注之后，内地到香港的不过夜游客比例得到了大幅提升，现在，不过夜游客占内地赴港游客的比例比较高。从某种意义上而言，作为国民市场的衍生，中国出境市场仍然处在从国内旅游向出国旅游转化的过渡阶段。

（4）旅游消费高，购物比重大。

据世界旅游组织统计，2012 年时中国游客属于出国旅游消费最多的游客群，其境外消费总额达 1 020 亿美元，约占全球出境游消费总额的 9.5%，成为全球最大的出境旅游消费国。此后几年，我国出境旅游消费不断增长。2014 年，出境人数首次过亿，根据调整后的数据，我国出境旅游花费 896.4 亿美元；2019 年，我国出境旅游花费达 1 338 亿美元，人均花费约 863 美元。出境游市场已经从早期“走走走”（观光看景为主），到“买买买”（购物为主），发展到“慢慢慢”（休闲度假体验本地生活）。《中国出境旅游发展年度报告 2016》显示，2015 年针对国内 10 个主要城市、1.6 万多人的调研结果中，出境游花费项目主要包括购物、参团费用、餐饮和景点门票，85.9% 的出境游客将购物作为出游时最主要的消费项目。同时，出境旅游表现出中高端消费特征，单次出境游花费在 1 万元以上的受访者占比为 60.5%，较 2014 年有明显增长。

对于出境旅游游客，日韩、欧洲等国家以及我国港澳台地区，除了风光与文化外，购物具有强大的吸引力，是我国公民出境旅游的重要消费项目。我国公民出境消费高、购物支出比重大的原因是多方面的。进口商品综合税率过高，境内外消费价差大带来的“转移消费”现象，是刺激大部分出境旅游者选择境外消费的主要原因。此外，我国人口出境率和个人出境频率较低造成的“透支消费”和社会习惯造成的集合式“影子收费”也使得出境旅游消费被放大。出境旅游消费高、购物比重大的现象是由我国出境旅游处的发展阶段所决定的。在出境旅游发展初期，旅游消费往往表现出放大效应，并不是居民实际收入的直接反映。

二、我国的国内旅游市场

（一）国内旅游市场发展现状

我国人口众多，经济发展迅速，国内旅游市场具有广阔的前景。自 20 世纪 80 年代发展以来，国内旅游市场已经具有相当可观的规模，而且将继续迅猛发展（见表 5-2）。从表 5-2 中可以看出，我国国内旅游市场发展大体上保持增长态势。国内旅游市场蓬勃发展的主要原因在于：一是我国经济持续健康发展，人民收入持续增加，为国内旅游的发展打下了坚实的物质基础；二是我国近年来加大了对基础设施建设的投入，高速铁路、高速公路、航空等交通设施发展迅速，住宿、餐饮等接待设施不断完善，这些都为旅游者出游提供了极大的便利；三是闲暇时间增多，自 1993 年以来的 5 天工作制和 1999 年开始的“十一”、春节长假制度使国民旅游欲望的实现成为可能，旅游成为人民生活的基本组成部分。

表 5-2　2000—2019 年中国国内旅游人数与收入情况统计

年份	国内旅游人数/亿人次	增长率/%	国内旅游收入/亿元	增长率/%
2000	7.40	2.8	3 175.50	12.1
2001	7.80	5.4	3 522.40	10.9
2002	8.80	12.8	3 878.40	10.1
2003	8.70	− 1.1	3 442.30	− 11.2
2004	11.00	26.4	4 710.70	36.8
2005	12.10	10.0	5 285.90	12.2
2006	13.94	15.0	6 229.74	17.9
2007	16.10	15.5	7 770.62	24.7
2008	17.12	6.3	8 749.30	12.6
2009	19.02	11.1	10 183.69	16.4
2010	21.03	10.6	12 579.77	23.5
2011	26.41	13.12	19 305.39	23.6
2012	29.57	12.0	22 706.22	17.6
2013	32.62	10.3	26 276.12	15.7
2014	36.10	10.7	30 312.00	15.4
2015	40.00	10.5	34 195.10	13.0
2016	44.00	11.2	39 390.00	15.2
2017	50.01	12.8	45 700.00	15.9
2018	55.39	10.8	59 700.00	10.5
2019	60.06	8.4	66 300.00	11.1

（二）国内旅游市场结构

我国经济快速发展，人们生活水平显著提高，城镇居民和农村居民的可自由支配收入和闲暇时间不断增加的同时，也共同促进了国内旅游蓬勃发展，城镇居民和农村居民出游人次和旅游消费均显著增长。到 2019 年，全国国内游客总数为 60.06 亿人次，其中城镇居民 44.71 亿人次，增长 8.5%；

农村居民 15.35 亿人次，增长 8.1%。国内旅游收入 5.73 万亿元，比上年同期增长 11.7%。其中，城镇居民花费 4.75 万亿元，增长 11.6%；农村居民花费 0.97 万亿元，增长 12.1%。

我国居民国内旅游比较集中，主要集中在法定节假日。城镇居民在节假日集中出游的特征数据十分明显。法定节假日，尤其是黄金周期间，我国百姓出游热情高涨，旅游形成了“井喷”现象，很多地区出现了交通堵塞、景区超负荷、供给不足等问题，严重影响旅游体验和旅游质量。《国民旅游休闲纲要 2013—2020 年》明确指出，到 2020 年要基本落实职工带薪休假制度，允许国民自由安排休息时间，这对节假日集中旅游有一定的疏导。

在地域上，国内旅游接待目的地主要集中在经济发达地区和旅游资源丰富的地方。2017 年、2018 年国内游客在国内游的目的地选择方面的整体差异不大，最热门的出游目的地是北京、上海、浙江三地；但海南在 2018 年的榜单中排名上升趋势明显，重庆、天津也进入榜单，这显示出用户对于海岛游的热度上升，对于独特社会风貌的好奇心增强，开始选择有特色的出游路线。由此可见，经济发达地区和旅游资源丰富的城市是国内旅游的热点。

（三）国内旅游市场发展趋势

1. 消费大众化

随着全面建成小康社会持续推进，旅游已经成为人民群众日常生活的重要组成部分。自助游、自驾游成为主要的出游方式。

2. 需求品质化

人民群众休闲度假需求快速增长，对基础设施、公共服务、生态环境的要求越来越高，对个性化、特色化旅游产品和服务的要求越来越高，旅游需求的品质化和中高端化趋势日益明显。

3. 竞争国际化

各国各地区普遍将发展旅游业作为参与国际市场分工、提升国际竞争力的重要手段，纷纷出台促进旅游业发展的政策措施，推动旅游市场全球化、旅游竞争国际化，竞争领域从争夺客源市场扩大到旅游业发展的各个方面。

4. 发展全域化

以抓点为特征的景点旅游发展模式向区域资源整合、产业融合、共建共享的全域旅游发展模式加速转变，旅游业与农业、林业、水利、工业、科技、文化、体育、健康医疗等产业深度融合，使得旅游市场发展趋向多样化、全域化发展。

任务四　旅游商品

一、旅游商品的概念

旅游商品是旅游者在一次旅游活动中所需要购买的各种产品和服务的总和。一个旅游者从居住地到旅游目的地旅游，他在一次旅游活动中所购买的各种产品和服务总和就是一个单位的旅游商品。在实际生活中，旅游者购买旅游商品的形式是多种多样的，一般分成两类：一种是一次性购买形式，即旅游者对这一次旅游活动中所需要的产品和服务进行一次性购买、一次性付款，通常称作包价旅游；另一种是多次购买的形式，即旅游者对某个产品和某种服务分别购买、分次付款。但不管是哪种形式，旅游者在这一次旅游活动中所购买的产品和服务是一个综合商品，即一个单位的旅游商品。

旅游商品构成的内容相当多，包括住宿、餐饮、交通、游览、娱乐、购物和有关的服务等。这些内容也可以作为单个的商品，但不能称之为旅游商品，作为单个商品时分别是客房出租、食品、饮料、车票、船票、飞机票、土特产品或风光纪念品等。

为了便于区分，上述的旅游商品，我们称之为广义的旅游商品。狭义的旅游商品是指旅游者在旅游过程中所购买的可用作纪念、欣赏、使用或馈赠亲友的具体商品，如土特产品、旅游日用品、风光纪念品等，统称旅游购物品。

二、旅游商品的特性

广义的旅游商品既具有一般商品的属性，又作为特殊商品，具有自己的特性。

（一）综合性

通常，旅游商品是由旅游资源、设施和多种服务组合而成的，又是许多行业、部门共同提供的。而从旅游者的视角看，旅游目的地的旅游商品对他来说实为一种总体性产品，是有关旅游企业为满足旅游者的需求提供的各种设施和服务的总和，包括旅游景点、食宿、交通等，其综合性是十分显著的。当然我们也应该看到，各有关旅游企业分别提供的设施和服务同时又是可以独立的旅游商品，可以个别单项出售，也可以以多项组合形式卖给旅游者。

（二）不可转移性

不同于一般商品购买之后可以拿走，成为购买者的私有财产，旅游商品总是固定在原来的方位，旅游者并不能获得所有权。旅游者购买的只是旅游商品某一特定时间和空间的暂时使用权及其相关的服务。飞机、火车的座位，饭店客房、餐厅的座位等都是如此。

另外，旅游商品的各组成部分之间有着一定的比例关系。一定数量的旅游者需要一定数量的客房、餐厅、交通工具、翻译导游、游览空间等。如果各个部分不能互相配套，就不能形成相应的接待能力。例如，某个镇希望一天能接待 5 000 名旅游者，而客房床位只有 3 000 张，那么预期售出的 5 000 个单位的旅游商品就会大打折扣。

（三）不可存贮性

旅游商品的时间性很强。旅游者购买了旅游商品后，如果不在规定的时间内使用，他便白花了钱。从旅游企业方面而论，旅游商品是无法积存起来留待以后出售的。一个飞机座位、一间空置的客房、一张空空的餐桌，所造成的损失是永远无法追回来的。由此可见，旅游商品的效用不单是固定在地点方位上，也固定在时间上。

（四）生产与消费的同步性

服务活动的完成需要生产者与消费者双方共同参与，例如翻译导游服务必须有旅游者、语言各异的两方翻译者；餐饮服务需要有厨师、服务员与顾客等。由此可见，旅游商品的生产和消费是同时在同一地点（场合）发生的。这种生产和消费的同步性，也意味着双方的不可分割性。

上述特性使得旅游者无法在购买旅游商品之前“看质论价”，只能凭旅游企业的经营和口碑。因此，旅游企业必须确保旅游商品的质量才能在激烈的市场竞争中争取应有的份额或确保自己的份额，进而扩大市场占有率。大量的旅游实践证明，旅游商品的质量是旅游及旅游企业生存和发展的生命线。

一般来说，旅游商品普遍表现为旅游服务，是指旅游企业的工作人员借助设施设备和技能技巧向旅游者提供的各种方便利益的总和。具体的服务虽然由少数几个人承担，但实际上却是该企业所有人员协同配合共同努力的综合表现。换言之，一线人员的直接服务包括该企业管理人员和二线支援性间接性的服务，是该企业全体人员的综合反映和表现。

巩固练习

一、名词解释

广义的旅游市场　狭义的旅游市场

广义的旅游商品　狭义的旅游商品

二、简答题

1. 世界可划分为哪六大旅游区？
2. 旅游市场划分的标准有哪些？
3. 我国主要客源国有哪些？列举 10 个主要的国家。
4. 根据旅游商品的概念，结合实际旅游过程，列举一个具体的旅游目的地加以说明。

三、实践训练

假设你是某旅行社的市场部员工，分析我国三大旅游市场的特点是什么，并讨论我国国内旅游市场的发展趋势，以及旅行社应该如何应对这些新的挑战。

项目六

旅游的可持续发展

项目导读

四川九寨沟："补妆"归来更夺目

盛夏时节，四川九寨沟绿意盎然。新绿、翠绿、浓绿、黛绿错综密布，大自然的慷慨馈赠，将其渲染成了绿的王国。如今，这里早已找不到发生于 2017 年 8 月 8 日那场地震的痕迹。恢复重建，"补妆"归来，九寨沟更加艳丽动人、光彩夺目。

"绿色重建"定为主基调

"镇上人气明显旺起来了，我们搞旅游也有盼头了。"在四川省阿坝州九寨沟县漳扎镇，"西部卓玛"藏家乐的主人扎西喜不自禁。今年"五一"假期，九寨沟景区累计接待游客 3.2 万余人次，其中，四川省外游客超 2.3 万人次，实现旅游收入 3 424.06 万元。

美景重现，令人振奋，但过程不易。2017 年，九寨沟因地震"受伤"。如何"补妆"修复这一世界自然遗产，牵动着国人的心。最终，护好"九寨沟"这块金字招牌，将"生态优先、绿色发展"理念贯穿恢复重建全过程，成为九寨沟的选择。

2017 年 11 月，四川省政府印发的《"8·8"九寨沟地震灾后恢复重建总体规划》明确了五大重点任务，首先是科学推进"生态环境修复保护"。根据资源环境承载能力综合评价，九寨沟重建规划区域被分为生态保护区、旅游产业集聚区、农牧业发展区、人口聚居区四类。其中，生态保护区占比 81.44%，重建区域八成以上被纳入生态保护区，"绿色重建"成为主基调。

紧接着一个月后，四川省委十一届二次全会审议通过了指导恢复重建的纲领性文件《中共四川省委关于推进九寨沟地震灾区科学重建

绿色发展 加快建设美丽新九寨的决定》，鲜明给出了“有所为有所不为”的回答。一方面，要按照《实施〈世界遗产公约〉操作指南》，保护和维护好自然遗产地的原真性和完整性；另一方面，要将自然修复与人工治理相结合、生物措施与工程措施相结合，最大限度地恢复灾区自然生态功能。

“生命工程”成了新景点

7 月 26 日 10 时，九寨沟景区迎来游客高峰，五彩池、诺日朗瀑布等核心景点人头攒动。不为游客所知的是，地震发生后，九寨沟景区实施了 170 处地灾防治工程。“你看，那些防护网紧扣在石壁上，与石头、草木浑然一体，这些‘生命工程’成了新景点。”对此，四川省地质工程勘察院集团有限公司九寨沟地灾治理项目现场负责人周平倍感骄傲。

九寨沟景区地处青藏高原东缘向四川盆地过渡地带和我国第一级与第二级地貌转折部位，剧烈的地壳运动既创造了瑰丽的风景，也为泥石流、崩塌、滑坡等地灾的发生创造了条件。《中国自然资源报》记者从项目施工图看到，九寨沟 Y 字形的两条支沟上，地灾治理工程密密麻麻，由于地质条件不稳定，施工难度很大。

在五花海泥石流隐患点施工中，华地公司的施工人员曾面临这样的难题：下暴雨时，如何才能稳住砂石，让清水流入五花海？最终，他们从李冰治水的典故中获得灵感，建了 16 道格宾石笼，用石笼拦挡砂石，缝隙可过滤水流。

灾后重建过程中，四川始终把地灾防治作为“生命工程”，并统筹考虑生态环境与世界自然遗产保护，强化调查评价、监测预警、工程防治及应急能力建设为核心的综合防治，全力保障当地群众和游客的安全。

在下季节海公路边坡上部崩塌隐患点，山体落石威胁着景区道路，按照原施工设计方案，公路内侧要修建一道桩板拦石墙。“这个位置相对平缓，最容易搞建设。”项目负责人说。但是建一道长 300 米的墙，会破坏景观，后来就想了个办法，把它们“隐身”了。原来，他们经过反复调查测量，最终选择沿山坡上移 30 米左右，把拦石墙建到丛林里。事实上，九寨沟的桩板拦石墙几乎都“隐蔽”了起来，景区外同样如此。

磨坊后山滑坡点的前面是天堂口民宿风情街，聚集着大量民宿和餐馆。地震发生之时，山石滚落，埋了 5 辆车。震后，这里成为漳扎镇的 148 个地灾隐患点之一。施工中，工人们将锚杆打入山体，再用钢筋混凝土在锚杆之间构筑格构。每一个格构都是正方形，宽 2.5 米，其上铺了植被网。九寨沟县自然资源局相关负责人说，九寨沟的每一个地灾治理点，都为植被回填留了位置。随处可见的防护网上，现在已是绿草茵茵。

今年入汛以来，四川省自然资源部门借助无人机、高分航空影像等新技术开展了九寨沟震后重点区域地灾遥感调查，做到了地灾隐患早发现、早排除。

“熊猫家园”重新披绿装

2020 年 5 月，位于九寨沟县的勿角自然保护区利用红外相机拍摄到大熊猫、川金丝猴等国家一级保护动物 5 种，鬣羚、斑羚等国家二级保护动物 8 种。在九寨沟县黄土梁片区，栽种的箭竹已长出新枝。项目施工方负责人刘斌说，这表明黄土梁大熊猫基因交流走廊带修复取得了初步成效。

该走廊带位于勿角自然保护区内，连接王朗自然保护区，是秦岭与岷山山系大熊猫种群遗传交流及其栖息地连通的关键节点。那场地震使走廊带林地受损，加剧了大熊猫栖息地破碎化程度，降低了栖息地质量。

灾后重建中，相关部门专门编制了项目修复方案，采取大熊猫主食竹抚育复壮、补植补造、林下栽竹等措施，修复黄土梁、施家堡—小河、黄土梁—王坝楚等 3 条大熊猫基因交流走廊带，共修复面积 5 万亩。其中，九寨沟黄土梁大熊猫基因交流走廊带，补栽大熊猫主食竹、修复栖息地面积 2 万亩。

2018 年 8 月，刘斌等人在勿角乡蒲南村菜家沟尝试栽种了 40 多亩箭竹。结果发现，采用栽种一窝箭竹用 2 公斤牛羊粪的方式，种植的箭竹成活率达到 85% 以上。刘斌说，项目完成后，还要经过连续 3

年的抚育和管护，才能确保受损植被真正恢复。

绿水青山，既是游客青睐的美景，也是当地百姓的“金山银山”。6月16日，九寨沟熊猫园正式开园。就在同一天，与熊猫园相隔3公里的勿角镇甲勿村迎来了乡村旅游小高峰。走进甲勿村，平坦的水泥路穿村而过，风貌统一的农家小院错落有致，焕然一新的村容让人赏心悦目。数百位游客的到来，令昔日的贫困村热闹了起来。

“我们村已有4户开办了农家乐。”正忙着招呼游客的村民笑着说道。驻村干部说，下一步，村里将延伸产业链、升级旅游产品，创建阿坝州田园综合体试点与阿坝州生态农业综合开发示范区，打赢脱贫攻坚和震后重建两场硬仗。

3年过去了，九寨沟不仅盛装归来，而且正积极构建九寨沟世界自然遗产走廊、黑河大峡谷生态文化走廊、秦川—白马非物质文化遗产走廊，九寨沟国家森林公园生态观光区、大熊猫—金丝猴科考探险旅游区、海子山—罗洲湖休闲康养度假区、白水江流域文化体验区“三廊四区”发展格局，着力让产业生态化、生态产业化的绿色发展理念落地生根。

（资料来源：《四川九寨沟：“补妆”归来更夺目》，中国自然资源报社，2020-08-10）

任务一　旅游业的影响

旅游业作为一门新兴产业，具有经济属性和文化属性的综合性特征。对游客而言，旅游是一种文化行为，需要付出一定的金钱和时间；对旅游业经营者而言，其首要目的是获取经济利益，但是为了实现其经济目的必须提供各种文化消费。旅游业的这种特性，伴随着旅游行为带来的人员、货币、物资和信息的流动，必然会产生一系列广泛而深入的影响，涉及经济、政治、社会、文化、环境等各个领域。在大力发展旅游业时，人们常常看重的是其正面影响，而忽视了其负面影响。其实旅游是一柄双刃剑，正确认识旅游影响的两面性，对促进旅游业的健康发展，削弱乃至杜绝其消极影响，具有重要的意义。

一、旅游对经济发展的影响

（一）旅游对经济发展的积极影响

1．增加外汇收入，平衡国际收支

旅游出口是一种无形贸易，旅游者到旅游产品所在地进行消费，可以省去如商品出口过程中所必不可少的运输费、仓储费、保险费以及各种繁杂手续等，因此换汇成本要低于一般外贸商品。外贸商品出口从发货到结算支付往往要间隔很长时间，有的甚至会长达几年；而在旅游出口中，买方往往要采用预付或现付的方式结算，因此卖方即接待国能立即得到外汇。旅游产品本身具有生产与消费的同时性，尽早结算可使所获外汇发挥更大的效用。而就地消费的服务和旅游者在目的地购买的商品也可免受进口国关税壁垒的影响，传统的商品国际交易中，进口国往往会对所进口的商品数量实行配额限制。总之，由于旅游业创汇能力强、换汇成本低、无税制限制的特点，各国都将发展旅游业作为创汇的重要手段。

2．有助于货币回笼

为了减少市场压力，保证经济的正常运行，必须有计划地调节流通中的货币量，加速货币回笼。通过发展旅游，可以起到拓宽货币回笼渠道、加速货币回笼速度和增加货币回笼数量的作用，进而达到防止通货膨胀、稳定市场、积累建设资金的目的。

旅游业越发达，通过旅游业回笼的货币就越多。首先，旅游业通过自己的经营活动，不仅回笼了货币，而且从盈利中以缴纳税金的方式为国家积累了建设资金。其次，旅游业的“扩散作用”较强，旅游活动的发展带动了国民经济中大批相关部门和行业的发展，并由此使国家通过这些部门上缴税金的方式回笼货币，积累资金。最后，国际旅游业的发展，使其他国家的物质财富以货币形式转移到旅游目的地国，从而为国家积累更多的外汇资金。

3．带动其他行业发展，增加就业机会

在一个国家和地区中旅游业的发展有赖于该国或地区众多相关经济部门或者行业的配合和支持。旅游业的开发与经营必定会带动和促进众多其他经济部门或者行业的发展，从而扩大生产规模。旅游业及相关行业的发展也必将增大对劳动力的需求，发展旅游业是提供就业和解决就业问题的重要途径。

4．促进地区经济增长

旅游收入是地区经济收入的一部分，旅游收入增加必定会导致地区经济收入增加；同时，旅游消费会带动其他行业消费增加，且旅游业促使相关部门发展，从而对整个国民经济收入的增长起到促进作用。现代旅游经济发展的实证分析表明，经济越发达，旅游业在国民经济中的地位就越高。当今世界上经济发达的国家，同时也是旅游经济发达的国家，许多国家旅游收入在国民经济中占有相当比重。《世界旅游经济趋势报告（2020）》显示，2019 年全球旅游总人次（包括国内旅游人次和出入境旅游人次）为 123.1 亿人次，同比增长 4.6%，全球旅游总收入为 5.8 万亿美元，相当于全球 GDP 的 6.7%。

（二）旅游对经济发展的消极影响

1．可能引起物价上涨

一般而言，外来旅游者的消费水平相对较高，支付能力高于当地居民，在大量旅游者来访时，难免会引起当地物价的上涨，仅损害当地居民的利益。

2．可能影响产业结构发生不利变化

这种影响尤其表现在以农业为主的地区。随着旅游业的开发，一些地区看到从事旅游活动所得高于务农收入所得，于是弃农从商发展旅游业，一旦管理不善，带来的则可能是当地产业结构的单一和经济的衰退。

3．过重依赖旅游业会影响国民经济稳定性

旅游业发展具有季节性、脆弱性、依赖性等特点，市场需求受政治、经济、社会乃至自然等因素的影响波动较大，一旦这些非旅游业所能控制的因素发生不利变化，游客来访量便会大幅下降，整个国家的经济受损。因此，当今世界上的各个发达国家，虽然无不重视旅游业的发展，但是没有哪个发达国家将旅游业作为自己的经济基础。

总之，要正确认识旅游业的经济作用，对旅游业的发展要加强宏观调控和总体规划，扬长避短，才能使其发挥应有的作用。

二、旅游对社会文化的影响

（一）旅游对社会文化的积极影响

1. 有助于提高国民素质

针对国民旅游而言，首先，旅游活动的开展有助于人们开阔眼界、增长见识，尤其对于青年人来讲，外出旅游是一种学习和接受新事物启迪的有效途径；其次，旅游活动有助于培养和加强人们的爱国情感，无论是国内旅游中目睹各地的自然名胜、历史文化的建设成就，还是在国外旅游过程中看到、听到对祖国历史文明和建设成就的称颂，都会激发与增强人民的民族自信心和自豪感；最后，在现代快节奏的生活状态下，旅游活动有助于促进人民的身心健康，提高人民的身体素质。

2. 有助于增进各国间的相互了解

现代旅游是不同国家、不同民族、不同信仰和不同生活方式的人民之间的一种大规模的，作为民间外交的一种生动形式。它能够加强各国人民之间的相互了解和友好，有助于维护世界和平。此外，对于一个旅游接待方国家来讲，发展旅游业是对外树立国家形象的有效手段，尤其在互联网时代，国际旅游的开展所起的宣传作用，比传统的外交和宣传作用更加有效。

3. 有助于促进民族文化的保护和发展

旅游是一种学习活动，发展旅游业可以加强各国、各民族之间的文化科技的交流融合，促进科技进步和民族文化的发展与保护，许多原本被遗忘的文化遗产，不仅随着旅游业的开发获得新生，而且成了许多旅游目的地国家或地区的独特文化资源，比如丽江古老的东巴文化已经成为推动丽江旅游大潮的主要文化因素。

4．有助于促进目的地生活环境的改善

为了发展旅游业，旅游接待区不仅会改善该地的基础设施，而且该地的生活服务设施以及其他方便旅游者的设施都会增加，虽然这一切属于发展旅游业的需要，但是客观上改善了当地居民的生活环境，方便了当地居民的生活。

（二）旅游对社会文化的消极影响

1．可能带来不良的"示范效应"

随着旅游活动的开展，外来旅游者不可避免地将自己的生活方式带到目的地，来自世界各国各地的旅游者，他们各自具有不同的政治信仰、道德观念和生活方式，有的可能表现出良好的道德品质和友好的态度，有的可能带来消极颓废的意识和生活方式，从而可能对旅游目的地的居民产生影响。外来旅游者的生活方式对当地社会的影响，特别是带给发展中国家社会民众的影响是不可忽视的。一方面，长期目睹外来旅游者的行为示范，当地民众的感情会从最初的新奇转为寻常，有的人开始对自己的传统生活产生不满，开始对外来旅游者的生活方式进行盲目模仿；另一方面，由于历史的因素，当地民众可能认为外来旅游者的生活方式是经济财富、国家财富力量的象征，由此产生崇洋媚外的现象。

2．可能干扰当地居民的正常生活

任何一个旅游目的地承载力都是有限的，大量旅游者涌入后，势必与当地居民争夺有限的生活空间，致使交通、商店、公共娱乐场所拥堵，从而给当地居民的工作和生活带来诸多不便，可能使他们产生厌恶情绪，造成外来旅游者与当地居民之间的关系紧张。

3．当地文化过度商品化

对物质形式文化的影响，如艺术品、烹调、建筑形式、文物古玩等，可能由于旅游业发展的需要，被任意夸大、歪曲，粗制滥造、质量降低甚至出现赝品，严重影响了旅游目的地的文化形象和价值。对于非物质形式文化的影响，如传统的民间习俗、节庆活动、宗教活动等，都是按照传统的方式，在特定的意义下进行的，但是为迎合旅游业发展的需要，可随时进行，并随意改头换面，在很大程度上失去了其本身的意义和价值。

旅游业在社会文化中的作用已受到各国政府和有关行业人士的重视，旅游污染问题不容忽视，但是我们不能因噎废食，限制旅游业的发展。关键是提高全民对旅游业作用的正确认识，防微杜渐，增强自我保护和自我发展能力，并把发展旅游业纳入整个国民经济战略的规划中，充分调动积极因素，趋利避害、化害为利，引导旅游业健康有序发展，造福于全世界。

三、旅游对生态环境的影响

（一）旅游对生态环境的积极影响

旅游对生态环境的积极影响主要表现在：① 旅游业发展将促进废弃建筑的更新利用，历史遗迹的修复和保护，进而改善当地环境；② 促使旅游接待地的环境卫生得到重视和保持；③ 促进旅游接待地加强绿化、净化和美化工作，营造大旅游的氛围；④ 休闲娱乐场所及相关设施数目增加；道路、交通等基础设施得以改善。以上这些情况的出现，虽然主要可能是源于旅游目的地方面，为了发展旅游业和吸引旅游者来访，而完善该地旅游供给的需要，但是客观上也带来了使该地的物质环境得以改善的结果。

（二）旅游对生态环境的消极影响

1．破坏旅游地的自然环境和生态系统

大规模旅游活动的开展可能加剧自然环境和生态系统的损害与破坏，通常表现为：游人过量，加剧了土壤的板结化，加快了古树木的死亡速度；建筑物因承载游人过多而损坏，少数游客对旅游环境蓄意破坏，对古建筑古文物进行公开破坏等。

2．不科学的旅游规划破坏旅游地的自然景观

旅游管理部门对景区规划不尽合理，违反了旅游环境的特殊要求，以至于造成遮景、败景、煞景、主副衬景不协调的现象；旅游接待设施过度开发和不当建设，使得当地景观遭到破坏，为修建公路、索道，砍伐森林、

开山挖石，破坏了植被地貌，加剧了旅游景区的水土流失。

3．生活垃圾对旅游环境的污染

旅游活动所产生的生活垃圾数量巨大，严重污染旅游环境。旅游者乱丢废弃物不仅会影响环境的视觉质量，还会危及野生动物的生命。此外，外来旅游客的大量涌入，致使人口密度增大、交通堵塞，影响当地居民生活，景区内各种机动车增多带来的大气和噪声污染，直接影响了旅游地的环境质量。

4．城市化倾向破坏风景区的自然风貌

由于旅游开发过程中，在景区内进行大规模房地产开发，旅游度假区变成城区的组成部分，失去旅游度假的基本功能，使景观环境失去协调，降低了风景区的旅游吸引功能。

虽然旅游业的发展给环境带来了种种不利变化，但对于这类负面影响的程度究竟有多大，目前为止还没有公认的评估结果。但是毫无疑问，目前全世界的环境正在因人类的活动而改变，倘若不采取补救措施，其后果可能是灾难性的。若想要长久持续发展，我们需要增强全民对旅游资源和环境的保护意识，提高旅游者和旅游管理者的生态环境意识，大力开展生态旅游。

知识链接

贵州山地旅游方兴日盛

山地是重要的地表形态、生态系统和生活空间，也是重要的旅游资源。11 月 18 日，2020 国际山地旅游联盟年会在贵阳开幕，年会以线上线下相结合的方式，围绕山地旅游疫后重塑的思路、目标和路径，凝聚会员智慧和行业力量，同心助力疫后山地旅游复苏与振兴。

作为贵州重要的支柱产业，近年来旅游业持续“井喷式”增长，入黔游客和总收入连续 4 年保持在 30% 以上。受新冠肺炎疫情冲击，2020 年初以来，旅游业亦承受了前所未有的压力和挑战。对此，贵州及时启动旅游危机应对机制，出台系列政策措施，在危机中育新机，于变局中开新局，其中山地旅游表现抢眼。

如今，游客在水城县野玉海山地旅游度假区体验“世界第一高铁”时，很容易被山间气势磅礴的海坪千户彝寨所吸引。这个由坪寨乡、杨梅乡、玉舍镇等6个乡镇建档立卡贫困户集中搬迁安置打造出来的小镇，在风景如画的野玉海山地旅游度假区中，正焕发出新的生机。

吃上旅游饭，走上致富路。在贵州，将山地旅游、乡村旅游作为决胜脱贫攻坚、巩固脱贫成果的重要举措，正通过大力推进农旅一体化，深度开发各类农事体验性旅游活动，培育采摘篱园、特色民宿等旅游业态，推动更多农特产品、手工艺品转化为旅游商品，以旅游产业“强起来”、旅游经济“火起来”，带动贫困群众“富起来”。

时任贵州省文化和旅游厅厅长张玉广表示，近年来，贵州把山地旅游作为贵州旅游的基本定位，适时开展山地旅游资源大普查，编制实施山地旅游发展规划，制定推广山地旅游系列标准，突出抓好山地旅游重点项目，着力加强山地旅游基础设施建设，不断丰富山地旅游业态。通过全力开拓旅游市场，持续打造“山地公园省·多彩贵州风”品牌，加快推动国际一流山地旅游目的地、国内一流度假康养目的地建设。

2020年10月，贵州省接待游客8 609.62万人次，实现旅游收入831.34亿元，分别恢复到去年同期水平的90.6%、80.5%，这充分展现出贵州旅游的强大韧劲和巨大潜力。与此同时，突如其来的新冠肺炎疫情，也让人们更加珍惜健康之贵、生命之贵、安全之贵。“后疫情时代”，人们对高品质健康旅游的追求，为贵州山地旅游发展带来了巨大机遇。

作为山的王国、水的世界，贵州素有“公园省”的美誉。这里平均海拔1 100米，夏季平均气温23 °C，森林覆盖率近60%，县级以上城市空气质量优良天数比率 98.3%，主要河流出境断面水质优良率100%，全年$PM_{2.5}$平均值低于50，负氧离子浓度高，被誉为天然大氧吧、大空调。在世界著名旅行指南*Lonely Planet*（《孤独星球》）推出的2020世界最佳旅行目的地榜单里，贵州作为中国的唯一代表入选，排名第六。

作为全国唯一一个没有平原支撑的省份，贵州境内占比 92.5% 的山地和丘陵，与清新的空气、凉爽的气候、良好的生态环境，一起构成了发展山地户外运动和体育旅游的理想之地，被视为“山地户外运动天堂”。

经过十几年的发展，贵州山地户外运动沉淀了众多品牌赛事。体育活动品牌的培育，逐步形成了强大的吸引力和影响力，直接或间接地带动短期或长期市场的发展，各种相关产业纷纷布局。高桥极限、洞穴探险、路跑健身、山地骑行、户外拓展、水上运动、低空运动、攀岩、徒步等特色业态方兴未艾、前景无限，成为贵州山地旅游快速增长的支撑点之一。

此外，随着大力构建市场化、法治化、国际化营商环境，贵州率先出台《外来投资服务和保障条例》以及一系列降低企业交易成本的政策举措，贵州成为全国行政审批数量最少的省份之一，省级政府网上政务服务能力位居全国前列，生产要素成本比较优势明显。3 600 万常住人口与每年的数亿人次游客，在贵州形成了一个巨大的消费市场，也使得贵州成为山地旅游投资的热土。

世茂集团副总裁唐鸣说：“我们有个梦想，是把我们的酒店和贵州的大桥结合，让客人推开窗户就能看到世界级的大桥景观，同时游客在旅途中也能够看到我们的酒店，希望能够在贵州打造有品质的山地旅游作品。”

艰难困苦，玉汝于成。纵观历史，旅游业一直与危机相伴，但从未倒下。每一次成功的应对都是经验的累积，每一次经验的积累都会助推产业迭代升级。疫后旅游业的振兴不是回到过去，而是面向未来的转型和升级；不是简单的从头再来，而是产业模式的创新和重构。

时机已到，短板尽消，优势发挥。疫后重启，贵州山地旅游方兴日盛。

（资料来源：《贵州山地旅游方兴日盛》，贵州日报，2020-11-19）

研学知识

张家界百龙天梯

百龙天梯位于世界自然遗产张家界武陵源风景名胜区内，由北京百龙绿色科技企业总公司、英国佛洛伊德有限公司合资兴建。百龙天梯于 1999 年 9 月动工，2002 年 4 月竣工并投入试营运，电梯主要设备由德国 Rangger（朗格尔）国际电梯公司研究生产，耗资 1.8 亿元。

百龙天梯气势恢宏，垂直高差 335 米，运行高度 326 米，由 154 米的山体内竖井和 172 米的贴山钢结构井架组成，采用三台双层全暴露观光并列分体运行。以“最高户外电梯”荣誉而被载入吉尼斯世界纪录，是自然美景和人造奇观的完美结合。百龙天梯的建成实现了“山上游，山下住”的目标，将袁家界、金鞭溪、天下第一桥、迷魂台等绝世美景从幕后推向了台前，解决了多年困扰景区的交通瓶颈问题。实践证明，建设百龙天梯是非常重要的。

（资料来源：《百龙天梯》，百度百科）

请阅读本案例，通过小组讨论和个人思考回答问题：

通过了解张家界百龙天梯的利与弊，你认为是应该拆除还是保留？

任务二　旅游业的可持续发展

一、可持续发展的概念

（一）可持续发展理论的背景

工业革命以后，人类以人定胜天的主人姿态，在经济增长与环境保护相背离的道路上走过近 300 年的历史。二者的背离主要表现为：人类掠夺式地向大自然夺取资源，肆无忌惮地向大自然排放废物，走了一条以牺牲生态环境换取经济增长的道路。这种竭泽而渔的做法，造成了全球性的资源恶化和生态破坏，严重危及人类的生存环境。20 世纪 60 年代以来，人类在大自然的“回报”面前，不得不总结生态环境与经济发展相互关系的经验和教训。人们越来越认识到，经济发展问题不可能独立于环境问题，现在的发展模式，侵蚀着经济发展所依存的环境基础，环境退化正削弱着经济的发展。因而，人们开始思索如何改变经济发展的模式来协调环境与经济的关系，保持社会经济的持续发展。可持续发展理论正是在环境生态危及人类的生存和发展，传统发展模式严重制约经济发展和社会进步，人类对环境保护的呼声日益高涨的背景下逐步形成的。

1972 年 6 月 5 日—16 日，在瑞典首都斯德哥尔摩举行了联合国第一次人类环境会议，发布了《人类环境宣言》，第一次提出了“环境与发展”这一主题。会议建议联合国大会将 6 月 5 日定为“世界环境日”。同年，第 27 届联合国大会通过了这项决议。“世界环境日”的意义在于提醒全世界注意全球环境状况与人类活动对环境的危害，要求联合国系统和各国政府在这一天开展这种活动，强调保护和改善人类环境的重要性。

1980 年推出的《世界自然保护大纲》，是国际自然保护联盟受联合国环境规划署的委托，在世界野生生物基金会的支持和协助下制定的，许多国家的政府和非政府组织以及个人参加了这一大纲的起草工作。大纲虽然主要是针对自然资源的保护提出的，但其涉及的范围远超出单纯的保护，而是把保护和发展看作相辅相成、不可分割的两个方面。所提出的可持续发展的概念及现实的前景和途径，至今仍具有指导意义。在大纲的鼓励下，世界上 50 多个国家根据本国的具体情况也制定了本国的自然保护大纲。

1983 年 11 月，世界环境与发展委员会（WCED）成立，发表了著名的《共同的危机》《共同的安全》《共同的未来》三个纲领性文件，三个文件都提出了“可持续发展战略”。1987 年，世界环境与发展委员会发表了由该组织主席布伦特兰夫人提交的《我们共同的未来》。报告中对当前人类的发展和环境保护等方面进行了全面和系统的分析，提出了一个为世人普遍接受的有关可持续发展的概念，得到学术界广泛的接受和认可，掀起了可持续发展的浪潮。1992 年，联合国环发大会上，全球一百多个国家的首脑共同签署了《21 世纪议程》，即著名的地球宣言，它宣布全世界人民应遵循可持续发展原则，并采取一致行动，使可持续发展上升为国家间的准则。之后，各国政府相继发表宣言和行动计划，可持续发展成为 20 世纪和 21 世纪人类经济、社会发展的重大课题。

（二）可持续发展的含义

尽管目前对可持续发展有很多定义，但真正得到国际社会普遍认可的是，在《我们共同的未来》中提到并在 1992 年里约热内卢联合国环境发展大会上得到公认的概念："可持续发展是既满足当代人的需要，又不对后代人满足其需要的能力构成危害的发展。可持续发展不是指一项发展的进程要在时间上连续运行，而是强调环境与自然的长期承载力对发展的重要性以及发展对改善生活质量的重要性。"可持续发展具有以下含义：

（1）突出发展。发展与经济增长有根本区别，发展是集社会、科技、文化、环境等多项因素于一体的完整现象，是人类共同的、普遍的权利，发达国家和发展中国家都享有平等的不容剥夺的发展权利。

（2）发展的可持续性。人类的经济和社会的发展不能超越资源和环境的承载能力。

（3）人与人关系的公平性。当代人在发展与消费时应努力做到使后代人有同样的发展机会，同一代人中一部分人的发展不应当损害另一部分人的利益。

（4）人与自然的协调共生。人类必须建立新的道德观念和价值标准，学会尊重自然、师法自然、保护自然，与之和谐相处。

二、旅游业可持续发展概述

（一）旅游业引入可持续发展的必要性

伴随着旅游业的空前繁荣，各地因过度开发导致的消耗效应也开始显示出其潜在的威胁。透过现代旅游业快速发展的光环，冷静地观察其背后，就不难发现，一方面，旅游促进社会经济和文化的发展；另一方面，对旅游资源的掠夺性开发、对旅游景区的粗放式管理、对旅游环境的污染、对旅游氛围的破坏比比皆是，导致旅游的社会经济和文化作用也在减弱，旅游的消极影响日益显现，并迅速损害旅游业赖以存在的环境质量，威胁旅游业的可持续发展。

旅游业发展初期，特别是大众旅游盛行的时期，人们只注意到旅游带来的经济利益，而没有进行综合效益的评估，其后果是旅游业列为优先发展项目快速发展。结果是严重损害旅游业赖以生存和发展的环境，威胁旅游业发展的长期利益。

事实表明，这样的发展给生态环境和旅游资源带来了灾难性的破坏，旅游与环境、生态之间的矛盾越来越尖锐。如果不能从根源上解决旅游业发展中的环境问题，就会严重削弱甚至摧毁我国旅游业持续发展的基础。为此，必须牢记旅游业的发展不是无节制的，应当坚持适度发展和循序发展的观点，走可持续发展的道路。

（二）旅游可持续发展的含义

1993 年，世界旅游组织出版了《旅游与环境》丛书，其中《旅游业可持续发展——地方旅游指南》一书对旅游可持续发展给出的定义是：“旅游可持续发展指在维持文化完整、保持生态环境的同时，满足人们对经济、社会和审美的要求。它能为今天的主人和客人们提供生计，又能保护和增进后代人的利益并为其提供同样的机会。”也就是说，旅游可持续发展是指不破坏当地自然环境，不损坏现有和潜在的旅游资源，合理利用旅游资源，保护已开发的现有资源的情况下，在环境、社会、经济三效合一的基础上持续发展的旅游经济开发行为。

（三）旅游可持续发展的目标

1990 年，在加拿大温哥华召开的全球可持续发展大会旅游组行动策划委员会会议上，提出了旅游业发展的目标：

（1）增进人们对旅游所产生的环境、经济效应的理解，强化其生态意识。

（2）促进旅游的公平发展。

（3）改善旅游接待地的生活质量。

（4）向旅游者提供高质量的旅游经历。

（5）保护上述目标所依赖的环境质量。

三、旅游业可持续发展的措施

（一）以法律手段保障旅游业的可持续发展

在旅游资源开发过程中，要坚持可持续发展就需要各级政府机构、社会组织和公众的广泛参与和合作，因此，国家应建立全国性的旅游资源开发规划和相应的管理法规，以指导和协调旅游资源开发，约束旅游资源开发中的不良行为，把旅游资源开发中的外部不经济效应减小到最低限度。2013 年 10 月，我国出台了《中华人民共和国旅游法》。在旅游基本法的基础上，还要制定并完善与之相配套的系列法律法规。同时，要加大执法力度，严格依法管理和保护旅游环境，保障旅游业可持续发展。

（二）完善旅游资源管理体系，适当限制游客量

应尽快改变旅游企业中政企不分的现状，取消旅游企业与景区管理部门之间的人事交叉，公司主管与政府官员应各司其职。针对个别时期、个别景区游客量过多的状况，景区主管部门应注意及时公布景区人流量现状，引导游客分流。同时，开发增设新的景点，以分散游客量，使旅游资源在其所能承受的限度内接待参观游客。

知识链接

九寨沟景区发生游客滞留事件

2013 年 10 月 2 日，四川九寨沟景区发生游客滞留事件。九寨沟景区管理局相关负责人回应由游客情绪激动引发堵车情况。当天 21 点左右，滞留游客开始逐步撤离。

10 月 2 日当天，九寨沟景区游客量达 4 万人。由于区间车等候的时间较长，部分游客强行拦停区间车造成景区道路几近瘫痪，无法运行。游客抱怨，已被堵数小时，景区却还在对外放人，最终导致想上的上不来，想走的下不去。

管理人员说，部分游客可能因没有赶上公交车，导致交通线路瘫痪，拥堵数公里长。景区一度出动武警维持秩序。

记者致电九寨沟景区管理局相关负责人，该负责人表示目前景区游客量并未超过四川省旅游局公布的景区最大承载量4.1万人次。“今天犀牛海景点发生游客滞留的情况，不是因为承载量的问题。今天是国庆黄金周假期，游客量本来就较大，景区内的游览车候车时间相对较长，有的游客就情绪激动发生了堵车的情况。我们现在已经将游客劝导疏散。我们在此也呼吁，游客在景区游览时要遵守相关的规定，不要翻越栈道走到公路上，影响景区游览车的行驶。”

截至2日19时许，景区共滞留游客4 000余人。21时左右，大约60辆大巴在警车带领下抵达诺日朗换乘站，通过多方努力，截至2日22时左右，滞留游客全部安全疏散。

10月3日，九寨沟管理局、阿坝大九旅集团九寨沟旅游分公司公开向游客发表致歉书，表示最诚挚的歉意。

致歉书说，景区发生了游客滞留事件，不但让游客没有愉悦地欣赏童话世界的美景，还留下了无尽的遗憾。对此，九寨沟管理局、阿坝大九旅集团九寨沟旅游分公司及全体干部职工感到深深的内疚与自责。

事发后，九寨沟管理局协同相关部门全力开展疏导工作，并全面开展退票工作，对未游览完景区的游客进行全额退票处理。

（资料来源：《九寨沟景区发生游客滞留事件》，央视网，2013-10-03）

（三）转变旅游业发展方式，实现产业融合

转变旅游业发展方式，要着重将简单粗放的发展模式向规模化、效益化进行转变，不仅要注重硬件设施的建设，还要优化服务和提高环境质量，实现旅游业与其他产业间的融合发展。一方面，在景点建设开发时，要充分考虑当地生态环境的可持续发展以及对当地居民生活可能造成的影响，坚持保护为主的原则，适度、科学地开发生态旅游资源。另一方面，应加速旅游业与其他产业的融合发展。合理利用农村的特色旅游资源，依托当

地生态环境，积极发展草原旅游、湖泊旅游、山川旅游等，同时借助历史文化资源，开发一大批特色古镇、古村，完善乡村旅游设施和旅游产品，增强乡村旅游的吸引力，推动乡村经济发展；加强对旅游工艺品、纪念品的创新设计，鼓励旅游用品的研发，推动旅游装备制造业的发展；充分借助文化、体育、信息、交通等行业优势，实现不同行业间的交叉互补，推动旅游产品和行业的发展。

（四）加强宣传教育，提高公民的环保意识和可持续发展意识

旅游业可持续发展是一项浩大繁杂的工程，需要全民齐心协力才能做到。因此，应加强环境保护和可持续发展的宣传教育，使全体公民树立可持续发展意识。首先应树立环境质量意识，认识到环境质量的优劣是关系人民生活质量的提高和子孙后代生存发展的大事；其次要树立环境公德意识，不为满足个人私利、不为局部或眼前利益而损害他人或全局的利益，实现人与自然和谐相处。

知识链接

2020 世界旅游联盟·湘湖对话 助力全球旅游可持续发展

疫情对全球旅游业造成严重冲击，在此背景下，如何及时化危为机、有效降低对旅游业的不利影响，进一步推动旅游业高质量发展呢？2020 世界旅游联盟·湘湖对话在浙江杭州举办，现场及线上共 24 个国家和地区的代表参会。业内专家学者一致认为，文化旅游业发展的良好趋势和局面不会改变，亿万人民对以旅游消费为代表的美好生活的需求将只增不减。全球旅游行业应联合起来共克时艰，促进旅游业恢复、振兴和繁荣。

时任文化和旅游部副部长张旭指出，世界旅游联盟在这个特殊时期以线下和线上结合方式，集聚国际旅游业界精英，探讨世界旅游发展大计，对加强业界沟通交流、集中各方智慧力量、促进旅游恢复振兴，具有重要的现实意义。推动世界旅游业恢复振兴，需要全球旅游行业团结起来，共同促进全球旅游业的可持续健康发展。

联合国世界旅游组织秘书长祖拉布·波洛利卡什维利表示："疫情使旅游业受到沉重打击，但是旅游业从未像现在这样团结。这次活动的举办充分表明，全球旅游业正在努力寻找解决办法和前进的道路。世界旅游组织于今年3月成立了全球旅游危机委员会。我们在规划未来时，将依靠中国朋友和世界各地的支持。"

世界旅游联盟副主席、地中海俱乐部全球总裁亨利·季斯卡·德斯坦讲道："我们需要使旅游行业适应新常态，并恢复人们对旅游的信心。中国为我们提供了旅游业发展的主要趋势。我相信，提供优质、安全和真实体验的旅游运营商将从这场危机中强势反弹。我们需要加强合作，实现旅游业持续发展。"

疫情催生了旅游市场一系列新需求和新供给。从需求端看，康养旅游、近郊旅游、亲子旅游、自驾旅游等消费需求加速扩张。从供给端看，旅游企业加速拥抱线上化和智慧化，并将技术与产品深度融合，推动行业向"互联网+旅游"深度转型。

携程集团首席执行官孙洁介绍说，2020年4月，携程以"数字基建"赋能智慧旅游，发布了业内首个"景区智慧云平台"，针对景区购票、入园、游玩和售后四大环节提供技术解决方案，实现"全渠道、全场景、全业态"的实名预约，帮助景区进行数字化升级。她提议，旅游目的地应建设大数据及智能应用平台，构建用户画像、出行预警预测、行业市场分析等模块，整合上下游产业资源优势，构建一套旅游信息大数据开放平台。

（资料来源：《2020世界旅游联盟·湘湖对话 助力全球旅游可持续发展》，人民日报海外版，2020-11-23）

研学知识

深圳华侨城主题公园群

深圳华侨城主题公园群由"锦绣中华""中国民俗文化村""世界之窗""欢乐谷"四个主题公园组成。以四大主题公园为核心的华侨城度假区，2007年被评为国家首批AAAAA级景区。

2011 年度假区接待游客量达 1 380 万人次，超过 1 350 人次的故宫，居全国景区榜首。截至 2012 年底，总接待游客达 2 亿人次，连续 5 年跻身世界 8 强。

锦绣中华：1989 年 9 月开业，占地 30 万平方米的实景微缩景观，全国 82 个著名景点以 1∶15 复制，以“一步迈进历史，一日锦绣中华”为主题，被誉为“开中国人造景观杰作之先河”。

中国民俗文化村：1991 年 10 月开业，占地 20 多万平方米，内含 22 个民族 25 个村寨，以 1∶1 建成以民族风情表演、民间手工艺展示、定期举办大型民间节庆活动等多角度多侧面展示我国各民族原汁原味、丰富多彩的民风民情和民俗文化，获“中国民俗博物馆”美誉。

世界之窗：1994 年 6 月开业，占地 48 万平方米，荟萃了世界 130 多个著名景点的实景微缩景观，以丰富的文化内涵、恢弘的规划设计、精美绝伦的景观项目、不同凡响的艺术演出、动感刺激的娱乐项目，为游客展现一个美妙精彩的世界。

欢乐谷：1998 年开业，占地 35 万平方米，是一个融观赏性、参与性、娱乐性、趣味性于一体的大型现代主题乐园，全园分 9 个主题区，有 100 多个老少皆宜的游乐项目。经过五期的滚动发展，目前已成为国内投资规模最大（总投资 17 亿元人民币）、设施最先进的现代主题乐园。

（资料来源：《深圳华侨城》，百度百科）

请阅读本案例，通过小组讨论和个人思考回答问题：

你认为华侨城主题公园群取得成功的主要因素是什么？与世界主题公园最成功的迪斯尼乐园相比较，深圳华侨城主题公园还存在哪些需要改进的地方？有何改进建议？

巩固练习

一、名词解释

可持续发展　　旅游可持续发展

二、简答题

1. 旅游活动对经济发展的影响有哪些？
2. 旅游活动对社会文化的影响有哪些？
3. 旅游活动对生态环境的影响有哪些？
4. 简述旅游业可持续发展的含义及其主要目标。

三、实训题

请以小组为单位展开讨论，在旅游过程中，我们应该做些什么来保护环境。

参考文献

[1]　邵世刚. 旅游概论[M]. 北京：高等教育出版社，2015.

[2]　潘小其. 旅游概论[M]. 2 版. 北京：科学出版社，2016.